负利率的本质

全球货币政策大变局

精装修订版

刘华峰 · 著

ESSENCE OF
NEGATIVE INTEREST RATE

GREAT CHANGE IN
GLOBAL MONETARY POLICY

西南财经大学出版社

中国 · 成都

图书在版编目(CIP)数据

负利率的本质:全球货币政策大变局/刘华峰著.—修订本.—成都:
西南财经大学出版社,2018.11
ISBN 978-7-5504-3832-3

Ⅰ.①负… Ⅱ.①刘… Ⅲ.①货币政策—研究—世界 Ⅳ.①F821.0

中国版本图书馆CIP数据核字(2018)第254289号

负利率的本质:全球货币政策大变局(精装修订版)
刘华峰 著

总 策 划:李玉斗
策划编辑:王正好
责任编辑:何春梅
助理编辑:周晓琬
封面设计:正唐设计 白少二
责任印制:朱曼丽

出版发行	西南财经大学出版社(四川省成都市光华村街55号)
网　　址	http://www.bookcj.com
电子邮件	bookcj@foxmail.com
邮政编码	610074
电　　话	028-87353785 87352368
照　　排	四川胜翔数码印务设计有限公司
印　　刷	四川新财印务有限公司
成品尺寸	142mm×210mm
印　　张	8.25
字　　数	138千字
版　　次	2018年11月第1版
印　　次	2018年11月第1次印刷
书　　号	ISBN 978-7-5504-3832-3
定　　价	48.00元

负利率时代到来

这个世界对于我们每个人似乎是不公平的，因为每个人出生时，祖辈为我们留下的资源有着天壤之别，有人衔着金汤匙而生，有人却一贫如洗地来到这个世界，衣不裹体、食不饱腹。然而世界似乎又是公平的，知识技术、精神文明等那些祖辈用毕生的心血努力求索而取得的超越众人的成就，却不能遗传在后代身上，每一个人都需要从零开始去学习、去努力。人们不得不感叹物种进化的奇妙之处，或许自然界就是以这种方式让我们去劳动、去思考，不至于让后代的四肢与大脑不断地退化与萎缩。

中国有句古话叫“富不过三代”，不是说富人的后代一定不能富，而是倘若后代坐享其成，无论祖辈留下多少财富，三代之后也所剩无几。

负利率来了，再也没有人可以梦想着躺在祖辈或自己前半生留下的积蓄上，安稳地在海边沙滩的遮阳伞下沐浴着海风，用利息来支付日常开支。负利率的汹涌而至打碎了无数人财务自由的梦想。或许你还会寄希望于负利率很快就会过去，你猜测这只是个暂时现象，就像经济周期有繁荣有萧条，你只是暂时遇到点麻烦，不久之后一切都会好起来的。但看完本书，你或许会有不同的认识。

负利率的到来关乎世界经济运行、关乎全球资产重定价、关乎我们每一个人手中的财富。负利率究竟有着怎样的成因？负利率将如何影响我们的生活？负利率与投资品价格的波动有着怎样的关系？……只有了解了负利率的本质，才能顺利应对负利率的大潮。本书提出的负利率目标制理论为你揭开负利率的神秘面纱，为你制定正确的经济政策与筹资、投资决策提供参考。

尽管在本书负利率目标制理论提出以前，负利率的出现缺乏理论支持，但还是在货币政策操作的摸索中姗姗来迟了，部分发达国家已率先进入负利率时代，部分已进入低利率或零利率运行区间。美国 2009 年至 2016 年联邦基金利率、一年期国债利率控制在1%以下的水平；日本1995年至2018年一年期国债利率控制在1%以下，其大部分时间处于接近零的水平，2016年至2018年持续处于负利率区间；欧元区2014年基准利率下降至零附近，一年期以内公债收益率进入负利率区间，2015年至2018年持续运行在负利率区间；英国2009年至2018年基准利率与隔夜国债回购利率控制在1%以下的水平；加拿大2009年至2017年隔夜回购利率控制在1%以下，2016年运行在0.5%左右；瑞士2009年3个月LIBOR利率下降到1%以下，此后继续下降，2015年至2018年持续运行在负利率区间……

然而，在笔者提出负利率目标制理论前，并没有合理的理论能解释负利率的到来原因。负利率是如何出现的呢？负利率或低利率的发生出现在大型经济危机之后，如日本20世纪90年代的房地产危机，美国等国2008年的金融危机。根据货币扩张可以刺激经济发展的传统理论，这些国家在经济危机之后实施了大规模的降息或增加货币投放等政策操作。这些操作使得利率下行。根据本书提出的“负利率目标制”理论，利率的降低会导致生产商品所需的资金成本降低，因而利率的降低会降低商品价格，因此，导致这些国家的通货膨胀水平持续降低。由于这些国家将稳定物价作为重要的货币政策目标，以及根据加息抗通货膨胀的传统理论，较低的通货膨胀水平不再有加息的必要，且低通货膨胀使得进一步宽松货币刺激经济的政策空间加大，因而维持了较低的利息水平。部分国家在降息过程中出现了比货币政策设定的通货膨胀目标较低的通货膨胀水平甚至出现了通货紧缩。根据降息会增加货币供给量、货币增加会导致价格上升的传统理论，这些国家试图通过持续的降低利率、增加货币投放来提高通货膨胀水平，结果，持续的利率降低没有提高通货膨胀，反而使得通货膨胀在低位徘徊。

虽然部分国家已经进入了低利率甚至负利率，但迄今为止，依然有众多国家在摸索中前进，执行着不当的货币政策；已经进入负利率或零利率的国家，在实现负利率或零利率的过程中，也因为不当操作而造成了不必要的经济损失，对于零利率或负利率的未来依然缺乏明确的指导方向。2018 年，美国、加拿大等国有较大幅度的加息，美国联邦基金利率重新回到了 2% 以上，创下了近十年的最高水平。负利率目标制理论认为，要使自行持有现金与将现金交付保管机构保管不存在重大区别，货币储存者不承担保管风险，就必须向货币保管者支付保管费用。因此，合理的无风险名义存款利率应为负值，负值用以弥补现金的保管成本。为了使货币政策更好地服务于实体经济的发展，笔者撰写了此书，献给全世界关心货币政策发展与经济发展的所有朋友。

由于缺乏正确的、可操作的理论指导，货币政策一直在反复试验中跌跌撞撞。何为合理的货币供给量、何为正确的货币政策目标、如何操作实现货币政策目标均没有准确的定论，人们奉行“过多的货币追逐过少的货物将导致通货膨胀”的信条，紧紧盯着过多的货币，不曾过问过少的货物，时至今日，“加息抗通货膨胀”“加息控资本外流”“降息宽松货币刺激经济增长”等众多传统理论依然充斥着人们的大脑。

历史上最具代表性的货币政策理论及框架“货币数量论”与“通货膨胀目标制”在货币政策舞台上尽管发挥了重要作用，但其缺陷也显而易见。宏观经济政策若违背实体经济运行规律，必将对实体经济形成不当干扰，降低实体经济的运行效率。“负利率目标制”是本书提出的一种新的货币政策理论，负利率目标制基于实体经济运行规律而提出，目的是将货币政策对实体经济的干扰降到最低，使实体经济能沿着自身的轨道运行。货币作为公平合理的衡量尺度参与商品交换，而不会导致人为的资源重新配置与财富再分配。

市场经济会调整产出与就业使其达到最优，而不需要货币政策过多的干预。不当的货币政策导致货币供给不能适应货币需求，严重干扰了实体经济的正常发展。从本书的分析也可以看到，不当的货币政策加重了2008年的全球金融危机。不考虑货币政策以外的因素，负利率目标制的实施将形成最优货币供给。在最优货币供给状态下，货币不影响产品市场供求，货币的存在仅仅作为衡量尺度，产品市场如同在不使用货币状态下一样沿着自身轨道运行，人们充分感受到货币带来的经济中交易摩擦成本降低的便利，而不会感受到货币带来的混乱。

写作本书的目的显然不在于否定前人的理论成就与货币当局的辛勤工作，创新必然存在风险，没有前人开拓性的勇于进取的拼搏，就没有后人的发展进步。全球经济的发展与全人类福利的增进才是笔者最想看到的，相信也是所有货币政策研究者与执行者最想看到的。

本书不仅适用于经济学家、中央银行家与其他货币政策研究、制定、执行者，同样适用于企业筹资者、金融市场投资者、经济学的学者与学生、关心世界货币政策发展的所有朋友以及关注自身财富保值增值的人们。希望更多有识之士关注本书的理论观点与操作规则，共同推动世界货币政策的发展。

刘峰

目　录

一　负利率的本质

● 蚂蚁、蜜蜂、松鼠是怎么储存食物的

货物的储存并不产生于人类文明，而是物种进化过程中为了生存、繁衍而保留下来的本能，如蚂蚁、蜜蜂、松鼠……无数动物在不自觉地储存食物适应季节变化、自然灾害。

人类的储蓄行为与很多低等动物类似。父母养老、子女就学、医疗支付……人类都是在自身有劳动能力的时候供养自己及家人，必然需要为自己日渐老去逐渐失去劳动能力的时候做些准备。这种储蓄的习惯并未体现出人类有多高明，即便是上述低等动物也都在不停劳作，为自己准备更多的食物，尽管它们已经吃饱喝足。

动物为了储存食物要做大量的工作。如蚂蚁、松鼠、蜜蜂等动物为了储存食物，需要搭建更大的巢穴或挖出更大的洞穴以保证这些食物的安全存放，有时需要把食物从遥远的地方搬回巢穴或洞穴里，并且可能还要做适当的防守，避免被侵略者盗取或毁坏。然而，食物储存久了也可能发生腐烂变质，无法再食用；有时候，一场意外的洪水或龙卷风也可

能导致辛苦储存的食物毁于一旦。

人类储存货物同样是一件复杂的事。为了储存货物，我们经常需要将货物从一个地点转移到另一个地点，同时，需要建设储存场所、购置储存设备为货物提供适宜的储存环境。搬运、摆放、看管是常有的事，然而尽管如此，存放的货物也难免会发生损坏、变质等情况。部分货物还会随着技术的进步而丧失稀缺性、变得技术落后甚至成为废品。总之，储存货物需要付出一定的储存成本，人类要承担储存货物的减值损失以及储备过程中的保管费用。

当然存货的保管不全是费用，也有可能产生孳息，比如树上长了果实、雌性动物繁衍了后代等，但对于全社会所有存货而言，储存孳息常常弥补不了储存费用。如未特别说明，本书所讨论的储存成本指储存费用扣除储存孳息后的净成本。

由于实体经济的真实变量是随时间而波动的，受实体经济环境诸多因素的影响，储存成本率同样随时间而波动。历史储存成本率的具体数值可以从实体经济中大致计算出来。不存在重大异常冲击的情况下，储存成本率的波动幅度通常不大，且储存成本率通常处于一个较低的水平。战争、自然灾害等重大异常冲击到来时，存货的毁损会大大增加，储存成本率也就会大幅上升。

● 人类是怎么保管现金的

货币产生于人类文明，因劳动分工与商品交换的需要，货币在所有文明国家中变成了普遍的商品交易媒介。由于货币的使用，对多数人而言储存意味着储存现金而非实物，但实际上，储存现金是储存现金所对应的实物，只不过这些实物不是由储存现金的人保管而已，这一点将在以后章节再讨论，本节我们仅谈现金的保管。

你需要一个安全的地方存放你的积蓄，当然你不会让辛苦劳动取得的收入付之一炬。动物们会把储存的食物放在自己的窝里或它们认为相对安全的其他地方，尽管有时候的确有些不安全。你也可以把现金放在你居住的房子里，但通常你不会这么做，你怕小偷光顾，怕虫子咬，怕自然腐蚀……种种焦虑会让你夜不能寐。

倘若有一家机构承诺100%保证现金的安全，那么这家机构必然收取一定的保管费用以支付保管所需的人工、场地、机器等成本费用，以及承担可能发生的保管损失，除此以外别无他法。如果这是一家商业银行或投资机构，通过投资收益或贷款利息收入来弥补保管成本，那么，这家机构不可能100%保证现金的返还，因为投资与贷款均存在一定的风险，无法保证不发生损失。

很多时候，储存现金并非是真正地保管现金，储存的是现金持有人的相关信息，这通常比真实的现金保管成本要低得多，当金额足够大时，不存在重大异常冲击的情况下，保管费用率近似于零。至于保管费用具体是多少，各国央行基本都可以准确地核算出来。显然，现金的保管不同于实物的保管，不会产生孳息，因此，保管净成本始终大于零。

综上，保管现金会发生保管费用，需要支付保管所需的人工、场地、机器等成本费用，以及承担可能发生的保管损失。

• 负利率的内在逻辑

前文已经说过，要使自行持有现金与将现金交付保管机构保管不存在重大区别，倘若货币储存者不承担保管风险，就必须向货币保管者支付保管费用。因此，合理的无风险名义存款利率应为负值，负值用以弥补现金的保管成本，即无风险名义利息应相当于货币保管者向货币储存者收取的保管费用，因为是货币储存者应承担的费用而不是可以获得的收入，因此，存款利率是负值。

现代信用货币本身并没有特别的价值，人们持有货币仅仅是因为货币可以购买到想要的货物，储存货币实际上是储存货币所对应的实物。储存货物需要付出储存成本，承担储存货物的减值损失以及储备过程中的保管费用，储存孳息通常不足以弥补储存费用使得储存净成本通常为正，因此，要使储存货币与储存实物不存在重大差异，则无风险实际利率通常应为负值，用以弥补货物的储存成本。由于货物的储存成本通常大于现金的保管成本，因此，无风险实际利率负值的幅度通常应大于无风险名义利率负值的幅度，或者说实际利率通常应低于名义利率，即经济通常应为通货膨胀而不是通货紧缩。实施稳定的接近零的无风险名义存款利率后的美国和日本，其无风险实际利率围绕零上下波动，处于负区间的时间更多。不合理的名义利率可能导致实际利率的不合理，这在后文再详细阐述；财政政策等非货币政策因素也可能导致利率的不合理，这不是本书讨论的重点；本书重点考虑货币政策可以控制的因素，假定其他政策在正常合理的情况下货币政策所能达到的最优状态。

本书将货币政策操作的充分担保的货币政策工具利率（为叙述方便，本书简称为货币政策利率）作为无风险利率，也将国家信用保证的国债利率等视为无风险利率。一方面，一国政府债务的危机通常是靠通货膨胀来解除的，而非通过名义本金的违约来解除，因此，名义本金可视为无风险；另一方面，对于一国国民而言，倘若需要寻找一个无风险的保管者，满足其无风险储蓄需要，该国政府恐怕是其最值得信赖的选择，无论最终的结果是否真的无风险。

货币政策能控制的是无风险利率，风险利率受经济中风险大小与风险偏好的影响，并非货币政策所能完全控制的。

货币政策能控制的是名义利率，实际利率受经济中储存成本等的大小影响，并非货币政策所能完全控制的。实际利率包括名义利率与通货膨胀率两方面的影响，因此，通货膨胀率受到经济中储存成本等的大小影响，并非货币政策所能完全控制的。历史经验表明，通货膨胀目标制在实施过程中尽管取得了很多的成功经验但也存在众多悬而未决的问题，货币政策很难准确地达到通货膨胀目标，这将在后文讨论。

传统经济学对于利率的研究缺乏对于无风险利率内在逻辑的研究，侧重于对实体经济中的市场风险利率的研究，这就使得对货币政策和利率的关系认识不清，夸大或贬低了货币政策的影响。本书主要研究货币政策能控制的无风险利率，分别讨论无风险利率与风险利率的内在逻辑。

【重要结论】

1. 要使自行持有现金与将现金交付保管机构保管不存在重大区别，倘若货币储存者不承担保管风险，就必须向货币保管者支付保管费用。因此，无风险存款名义利率应为负值，负值用以弥补现金的保管成本。

2. 储存货物需要付出储存成本，承担储存货物的减值损失以及储备过程中的保管费用，要使储存货币与储存实物不存在重大差异，则无风险存款实际利率应为负值，负值用以弥补货物的储存成本。

3. 货币当局只能控制无风险名义利率，不能控制实际利率，建议货币政策实施“负利率目标制”，以弥补现金管理成本的负利率为货币政策操作利率，在“负利率目标制”环境下，通货膨胀会自动做出调整，使得实际利率大约可以弥补存货的储存成本率。

• 负利率目标制的定义

由于负利率目标制是笔者提出的一种新理论，因此，笔者对其作归纳性的定义：负利率目标制是一种基于现金管理成本与存货储存成本提出的货币政策理论和操作规则。负利率目标制以弥补现金保管成本的负利率为目标无风险存款名义利率。在负利率目标制环境下，货币当局以在零利率基础上扣除货币储存管理成本率的负利率为目标无风险存款名义利率吸收市场资金，在获得全额担保的情况下以在零利率基础上加上货币供给手续费成本率的正利率为目标无风险贷款名义利率向市场提供资金。不考虑货币政策以外的因素，负利率目标制环境下通货膨胀率会自动做出调整，使得实际利率可以弥补存货储存成本率，由于存货储存净成本通常大于零，因而实际利率通常为负。

为论述及读者理解方便，如未特别说明，本书讨论的负利率目标指货币当局吸收市场存款的无风险存款利率目标。对于负利率目标制，可以把货币当局理解为货币做市商，对市场货币设置买入价格与卖出价格，货币当局对货币的卖出价格应高于买入价格，获取其中的价差收益用来弥补货币管理成本，负利率相当于货币当局对货币的买入价格低于面值，货币当局并非无限量地卖出货币，对卖出的货币需要取得全额担保，并且卖出的货币要高于面值。以弥补现金保管成本的负利率为目标无风险名义存款利率的内在逻辑如下：由于保管现金会发生保管费用，需要支付保管所需的人工、场地、机器等成本以及可能发生的保管损失，要使自行持有现金与将现金交付保管机构保管不存在重大区别，倘若货币储存者不承担保管风险，就必须向货币保管者支付保管费用，因此，无风险存款名义利率应为负值，负值用以弥补现金的保管成本。

负利率目标制下另一个重要的指标是无风险实际利率。货币政策只能操作目标无风险名义利率，而目标无风险实际利率非货币政策所能控制，仅作为经济环境的观察指标，借以分析影响存货储存成本等大小的各项因素。目标无风险实际利率通常为能弥补存货储存成本的负利率。以弥补存货储存成本的负利率为目标无风险实际利率的内在逻辑如下：由于储存货物需要付出一定的储存成本，承担储存货物的减值损失以及储备过程中的保管费用，因此，不考虑货币政策无法控制的因素，目标无风险名义利率下的目标无风险实际利率为可以弥补存货管理成本的负利率，即设定无风险名义利率为最优利率，通货膨胀会自动做出调整，使货币贬值的幅度大约相当于存货储存成本高于现金管理成本的部分，从而使得持有货币与持有实物不存在重大差异。当然储存也可能产生孳息，但由于存货储存的费用通常大于储存孳息，即储存净成本通常大于零，因此，目标无风险实际利率通常为负利率而非正利率。

【重要结论】

负利率目标制是一种以弥补现金保管成本的负利率为目标无风险存款名义利率的货币政策理论和操作规则。在负利率目标制环境中，货币当局以在零利率基础上扣除货币储存管理成本率的负利率为目标无风险存款名义利率吸收市场资金，在获得全额担保的情况下以在零利率基础上加上货币供给手续费成本率的正利率为目标无风险贷款名义利率向市场提供资金。不考虑货币政策以外的因素，负利率目标制环境下通货膨胀会自动做出调整，使得实际利率大约可以弥补存货储存成本，由于存货储存净成本通常大于零，因而实际利率通常为负。

二　什么是合理的负利率

• 无风险储蓄的利率名义上应该是多少

保管现金需要付出成本，承担现金保管期间的人工、设备、场地、毁损等费用，无风险名义利率如果合理，应保证自己持有现金与将现金存放在保管机构不存在重大区别，因此，最优的无风险名义存款利率应为负值，负值以弥补现金的保管成本。

过高的无风险名义存款利率使得现金储存者不仅不承担保管成本还可以从经济活动中获取一部分利润，这显然是不公平的财富再分配。不过，过低的无风险名义存款利率显然也是不可行的，过低的无风险名义存款利率相当于货币当局收取了过高的现金管理费用或储存成本，同样是不公平的，公众将更愿意自己直接持有货币或者寻求第三方保管，从而使过低的无风险名义存款利率难以执行下去。

前文说过，最优的无风险名义存款利率应为负值，用以弥补现金的保管成本，显然，这里的负的无风险名义利率是货币当局作为保管机构向市场接收货币的利率。然而，货币当局作为货币的供给机构，对货币的管理是双向的，即货币当局向市场接收提交保管的货币，也向市场出借货币。

当货币当局向市场出借货币时，货币当局要承担货币加印、存放、出借手续等费用，且由于出借的为无风险货币，出借时要求提供100%担保，货币当局还需要对担保物实施管理，因此，要弥补货币当局出借货币的保管成本，货币当局出借货币的利率应为正值，用以弥补出借货币的保管成本（加印、存放、出借手续等费用）。因此，关于最优的无风险名义利率的完整阐述如下：无风险名义利率如果合理，应保证自己持有现金与存放在保管机构不存在重大区别，因此，最优的无风险名义存款利率应为负值，用以弥补存入现金的保管成本；最优的无风险名义贷款利率应为正值，用以弥补贷出现金的保管成本。为读者阅读方便，后文不再赘述，如未特别说明，本书讨论的无风险利率均指市场能从货币当局取得的无风险存款利率。

• 无风险储蓄的利率实际上应该是多少

保管货物需要付出成本，承担货物保管期间的人工、设备、场地、毁损、变质等费用，最优的无风险实际利率如果合理，应保证持有现金与持有实物不存在重大差异，因此，最优的无风险实际利率应为负值，用以弥补货物的保管成本。

储存的最初始的目的是应对未来可能发生的危机。例如中国国家物资储备局对资源、粮食等战略物资的储备，其目的并不是将储存货物出借赚取报酬。即使储存货物出借没有任何报酬，储存仍然也会发生，这与我们前面说过的蜜蜂、蚂蚁、松鼠等动物的储存行为没有本质的区别。

储存现金的人们实际上储存的是现金所能购买到的一揽子实物。现金的保管成本以名义利率来弥补，实物的储存成本则需要实际利率来弥补，即货币适当贬值使贬值幅度大约相当于实物储存成本与现金保管成本的差额，从而使得储存货币与储存实物得到的最终结果基本一致，对全社会形成相对公平的分配。当现金保管成本接近零时，货币的贬值幅度大约弥补实物的储存成本。重大异常冲击可能导致实际利率与储存成本率的偏离，但本书主要讨论正常经济环境下实际利率对储存成本率的弥补。尽管从长期来看通货膨胀率会做出调整，使得实际利率可以弥补储存成本率，但从短期来看，不正常的名义利率也可能导致不正常的实际利率。

储存孳息大于储存费用导致储存净成本为负的时候通常比较少见，例如雌性动物在储存过程中发生了繁衍等。由于货物的保管成本通常大于现金的保管成本，因此，通常情况下，无风险实际利率小于无风险名义利率，即无风险实际利率负值的幅度更大。当货物的保管成本小于现金的保管成本时，无风险实际利率会大于无风险名义利率，即在最优无风险名义利率环境下出现通货紧缩的情况。此外，由于市场价格围绕自然价格波动，无风险实际利率也会围绕货物保管成本率波动，因此，尽管货物的保管成本大于现金的保管成本，在最优无风险名义利率环境下也可能出现通货紧缩的情况。也就是说，最优无风险名义利率环境下并非每时每刻通货膨胀的上升都能正好导致实际利率对储存成本的弥补，偶尔会发生偏离，尤其在重大冲击发生时市场价格可能来不及及时调整，此时，我们使用名义利率与通货膨胀率计算的实际利率并不正好等于货物保管成本率，这种短期波动与“无风险实际利率弥补货物储存成本”的长期逻辑并不矛盾，且货币当局无法决定市场价格的波动，也无法控制货币政策以外的重大冲击。

货物的储存成本由市场决定不由货币当局决定，因此，货币当局不能决定无风险实际利率与通货膨胀率，只能决定无风险名义利率，但无风险名义利率会影响通货膨胀率，后文再对此进行详细讨论。

为和大家习惯上的说法保持一致，如未特别说明，本书讨论的利率是名义利率而非实际利率，实际利率包括了名义利率（即现金保管成本）和通货膨胀率（即物价上涨或货币相对实物贬值）两方面的影响。

• 有风险储蓄的利率应该是多少

除无风险利率不承担本息违约的风险之外，其他资金出借均需要承担一定的风险。货币当局依靠货币政策工具参与的应是无风险市场，因而仅仅控制无风险利率，是无法控制由市场决定的风险溢价的。不考虑货币政策以外的因素，货币当局设定无风险名义储蓄利率为能弥补储蓄管理成本的微低于零的水平，市场会自动调节风险溢价，使风险利率达到最优，最优的风险利率会自动调节资金的供需使其达到最优配置。

资金的供求实际上是对资金所能购买到的资本的供求，因此利息率与资本的利润率、资产的租金率相关。资本的供求由实体经济决定，并非货币当局可以控制，因此，实体经济中的利息率并非货币政策可以控制。

约翰·梅纳德·凯恩斯在《就业、利息和货币通论》中指出："在任何一个时期内，假如某种类型的资本投资增加，则该类资本的边际效率将随着投资的增加而减少。其中一部分原因是因为当该类资本的供给增加时，其预期收益将下降。另一部分原因是当该类资产的产量增大时，其生产设备承受的压力很大，因而供给价格会提高。……投资量会增加到投资曲线上的一点，在该点上一般的资本边际效率等于现行的市场利息率。……就我自己而言，我对用货币政策来控制利息率的有效程度表示怀疑。”

威廉·配第在《赋税论》中指出：“关于利息，在安全没有问题的情况下，它至少应该等于用借到的钱所能买到的土地所产生的地租；但是，在安全无法得到保证的情况下，除单纯的自然利息之外还必须加上一种保险费，这时候利息就会很自然地被提高到低于本金的某个高度。无论在什么地方和在什么时候，都完全没有理由去限制利息，要知道这是违背世俗习惯的，除非制定这项法律的是贷款人，而不是放贷人。但是，制定违反自然法则的民事法律是不会有任何结果的。”

货币代表着货币对应的货物，货币借贷代表着货币所能购买到的资本货物的借贷，因此，货币的利率离不开实体经济本身的真实变量，货币当局无法决定实体经济中的资本边际效率，无法对市场风险利率加以控制，但货币当局完全可以决定自己在接收与供给货币时所采用的无风险名义利率。市场会在无风险名义利率之上增加一个风险溢价用以弥补本息无法支付的风险，通过溢价水平的自动调整，实现资金供求的最优配置。

• 不合理的利率会有哪些影响

假定货币政策使用的不是最优无风险利率，无风险名义利率为大于零的某个正值，这就意味着现金保管者不仅不能收取保管费用，还要支付一部分利息费用。假定现金保管费与利息费由政府支付，事实上我们也通常将货币政策利率与国债利率视为无风险利率，由于政府本身不是生产部门，承担保管费用与利息费用支出的资金只能向民众征收，而不承担风险的现金储存者不仅不承担保管费用，还要从经济活动中获取一部分利润，这本身就是一种不平等的收入再分配。无风险名义利率越高，这种不平等分配越严重。

除了过高的货币操作利率、过度的财政筹资利率等导致的正的无风险名义利率之外，政府对某些风险债权的隐性担保也类似于提高无风险利率。这样，不承担风险的被担保者却能获取高额利息。因此，隐性担保同样将造成不平等的收入再分配，由于政府本身不是生产部门，隐性担保支出的资金只能向民众征收，这种扰乱公平的市场秩序的行为会导致投机倾向的上升、生产倾向的下降，试图不劳而获者能够获得不应有的报酬，而劳动者承担不应承担的损失。

假定风险水平与风险溢价不变，无风险名义利率的提高必然导致风险名义利率的提高，此时，不承担风险、不提供劳动的人都能取得利润，所以承担风险的资金提供者会要求取得更高的利润，这将会大大恶化企业和劳动者的生存环境，降低生产者的生产积极性。此外，抽走的利润越多，能用于生产的资金越少，生产因此会受到沉重的打击，形成过少的货物。过少的货物导致通货膨胀的上升，只有降低实际利率才能使生产者的成本得到弥补。

事实上，生产者承担的成本必然要转嫁到消费者身上，否则生产就无法持续进行下去。至于生产者是否有向消费者转嫁的能力，这就不必抱怀疑态度了，因为没有转嫁能力的生产者会因承担不起高成本要么被淘汰了、要么停产或减产了，直至产品减少到剩余生产者有转嫁能力为止。大卫·李嘉图在《政治经济学及赋税原理》一书中指出：“除某些独占商品因稀缺性而导致的价格变化，最终决定商品价格的是生产成本，而不像人们常说的商品价格最终是由供需比例来决定的。诚然，如果商品的供给未按需求的多少而增减，那么供求比例可以暂时影响商品的市场价格，但这种影响只是暂时的。”萨伊在《政治经济学概论》一书中指出：“我们已经看到，生产成本决定了商品所能跌落的最低价格，任何低于这一价格的价格片刻都不能维持，因为在这种情况下，生产或者完全停止，或者减少。”假定我们在经济活动中使用的不是最优利率，无风险名义利率为大于零的某个正值，资金使用者不得不承担高于最优利率的资金成本，倘若生产者无力承担过高的成本，必然通过提高价格的方式向消费者转嫁。因此，倘若经济活动中没有足够的利润可供不承担风险的资金储存者抽取，高名义利率必然以高通货膨胀的形式将成本转嫁到消费者身上，以此降低实际利率使生产者过高的资金成本得到弥补。20 世纪 70 年代的美国是如此，常年处于高无风险名义利率的俄罗斯，无风险实际利率长期为负。

亚当·斯密在《国富论》一书中指出：“当公债增大到一定程度时，我确信，它很少能得到公平公正地完全偿还。国家收入上的负担，如果说曾经有过解除，也总是通过破产解除的，有时是通过坦白承认的破产，但通常是通过实际上的破产，尽管多是虚假的还款。提高货币名义价值，是公债假借偿还之名，行破产之实最常用的伎俩。……无论古今，所有的国家当别无他路时，往往会采取这一欺瞒下策。……我确信，所有国家铸币的价值都通过这种方法逐渐减到越来越低于其原来价值，同一名义金额所含的银都通过这种方法逐渐减到比原来的含银量越来越少。”显然，当一国的利润率承担不起其过高的名义利息率时，高通货膨胀就成了必然的结果。

即使无风险名义利率达到了最优，非公平正义的社会环境依然会使市场风险利率无法达到最优。亚当·斯密在《国富论》一书中指出：“一国法律上的缺陷，有时会使其利息率增高到大大超过它的贫富状况所需要的程度。其法律如果不强制人们履行契约，那就使一切借款人所处的地位，和法制修明国家中破产者或信用不好者的地位相差不远。出借人收回借款的不确定性，就使他索取破产者在借款时通常需要出的那么高的利息。最低的普通利润率，除了足够补偿投资容易遇到的意外损失之外，还须有剩余。只有这一剩余才是纯利润或净利润。普通所谓总利润，除了包括这种剩余以外，还包含为补偿意外损失而保留的部分。借款人所能支付的利息，只与纯利润成比例。出借资金，即使相当谨慎，亦有受意外损失的可能。所以，最低的普通利息率，和最低的普通利润率一样，除了补偿贷借容易遇到的意外损失外，还须有剩余。”倘若公平正义得不到维护，资金出借者无法判断借款人归还借款的诚信程度，这会使得具有良好信用的人不得不支付与违背信用的人同等的高风险溢价，这同样会导致生产的减少与通货膨胀的上升。

【重要结论】

1. 不承担风险的现金储存者不仅不承担保管费用，还要从经济活动中获取一部分利润，这本身就是一种不平等的收入再分配。假定风险水平与风险溢价不变，无风险利率的提高必然导致风险利率的提高，不承担风险、不提供劳动的人却能取得利润，承担风险的资金提供者要求取得的利润将更高，这会大大恶化企业和劳动者的生存环境，降低生产者的生产积极性。

2. 生产者无力承担过高的成本，必然通过提高价格的方式向消费者转嫁成本。因此，倘若没有足够的利润可供不承担风险的资金储存者抽取，高名义利率必然以高通货膨胀的形式将成本转嫁到消费者身上，降低实际利率使生产者过高的资金成本得到弥补。

3. 即使无风险名义利率达到了最优，非公平正义的社会环境依然会使市场风险利率无法达到最优。资金出借者无法判断借款人归还借款的诚信程度，这会使得具有良好信用的人不得不支付与违背信用的人同等的高风险溢价，这同样会导致生产的减少与通货膨胀的上升。

4. 综上，非最优利率形成不公平的财富再分配，扰乱实体经济正常的经营秩序，使资源无法达到最优配置，因而阻碍了经济发展。非最优的资源配置导致经济结构失衡，部分领域过剩而部分领域不足，加大实体经济中的产能、产品损失以及劳动力失业损失。

三　什么是合理的通货膨胀率

• 什么样的价格是合理的

名义价格是以货币表示的实物的价格，名义价格如果合理，应使持有货币与持有货物之间不存在重大差异。前文已经说过，储存物品会产生费用与损失，因此，要使持有货币与持有货物之间不存在重大差异，则实物的名义价格需要上升以保证实际利率可以弥补储存成本，此时的价格为最优的名义价格。

在不存在重大异常冲击的情况下，储存成本往往是可预见的，尽管会因为储存场地、机器、人工等成本的不同而有所不同，但剔除季节性因素，相邻两期变化幅度通常不大。因此，最优价格的波动幅度也不会太大。由于在不存在重大异常冲击的情况下，储存成本率通常是处于小幅高于零的水平，因此，当现金管理成本接近零时，合理的名义价格的上升幅度或通货膨胀率通常小幅高于零。通货膨胀目标制实施的成功经验表明，合理的通货膨胀率通常小幅为正，后续章节将详细阐述。

在存在重大异常冲击的情况下，例如在遭遇重大异常冲击（如战争、自然灾害等）时，由于储存货物的毁损较大，储存成本也较大，因此，我们可以看到战后各国广泛面对的是通货膨胀而不是通货紧缩。不当的货币政策、财政政策、金融监管等对经济的影响类似于战争、自然灾害的影响，尽管其造成的经济损失观察起来较为困难，不如战争、自然灾害那样显而易见，但同样是实体经济中的非正常损失，属于本书所述的异常冲击。尽管准确地核算货物储存成本相对于核算现金保管成本要难很多，因为这不仅仅是需要中央银行核算，还需要实体经济中各个企业参与核算，但大致还是可以核算出来的，在不存在重大异常冲击的情况下，其变化幅度通常不大。

当然，市场价格相对自然价格常有偏离。亚当·斯密在《国富论》一书中指出："不论是谁，只要自己的收入来自自己的资源，他的收入就一定来自他的劳动、资本或土地。商品价格的组成部分可概括为地租、劳动工资、资本利润，无论在什么社会，商品价格归根到底都分解成这三个部分或者其中之一。……当任何商品的价格不多也不少，恰好足够用以支付在生产、制造这种商品并将其送入市场所使用的土地的地租、劳动的工资和资本的利润时（根据它们的自然比率），这种商品就可以说是按其所谓的自然价格或价值出售的。自然比率是一般的或平均的比率，可以被称为在当时当地通行的工资、利润和地租的自然率。……如果市场上商品量一旦超过它的有效需求，那么它的价格的某些组成部分必定会降到自然率以下。如果下降部分为地租，地主的利益受到损害，这就会立刻促使他们撤回一部分土地；如果下降部分为工资或利润，劳动者或雇主的利害关系也会促使他们把劳动或资本由原用途撤回一部分。于是，市场上商品量不久就会恰好足够供应它的有效需求，价格中一切组成部分不久就都升到它们的自然水平，而全部价格又与自然价格一致。反之同样成立。因此，自然价格和以往一样是中心价格，所有商品的价格都持续不断地向它靠拢。各种偶然事件有时使它们停留在中心价格之上，有时又迫使它们下降，甚至是略低于其中心价格。但是，不管有什么障碍阻止它们固定在这个静止和持续的中心价格，它们总是趋向于这个中心价格的。”同理，通货膨胀率并不始终使得实际利率正好弥补储存成本率，而是在弥补储存成本率的范围内上下波动，除重大冲击期间市场来不及做出调整导致储存货币与储存实物的重大偏离，人们通常会在储存货币与储存实物之间做出选择，使得储存货币与储存实物从长期来看不存在重大差异。世界各国名义利率虽相差悬殊，实际利率差异并不大，从历史数据看，通常围绕零小幅波动。以美国为例，除重大货币政策转变时期的 20 世纪 70—80 年代实际利率有大的异常波动，其他时期实际利率的波动要小得多。

如果不考虑货币因素，物物交换，产品的供求完全由市场决定，市场机制会自动做出调节，使产品间的相对劳动量决定相对价格，使供给的产品数量最大限度适应需求的产品数量。尽管随着技术进步等因素，不同物品生产的相对劳动量会发生改变，引起实际价格即相对价格的改变，但这种改变是合理的、渐进的、可预期的。

为了交换与储存的方便引入了货币（这里主要指信用货币）用以衡量货物的名义价格，如果货币的供给不能像市场上其他产品的供给一样根据需求及时做出调整，而是发生不合理的、非渐进的、不可预期的调整，必然干扰名义价格定价规则的公平公正性与实体经济的市场秩序。储存物品的过去价格与现在的价格如果发生大幅波动，就造成了持有货币与持有实物者之间的财富再分配。如果名义价格相对弥补储存成本的正常价格大幅下行，则对持有实物的人不利；反之，如果大幅上行，则对持有货币的人不利。这种财富再分配导致资源重新配置、打乱供需结构、造成结构失衡，这显然会造成全社会混乱；同时，每个人都要花费时间成本去考虑持有实物还是持有货币的问题，无法专注于生产性劳动，大大降低生产效率。

因此，最优的名义价格需要上升用以弥补储存成本使持有货币与持有货物之间不存在重大差异。忽略现金管理成本，不考虑异常冲击的影响，由于储存成本率通常小幅高于零，最优价格通常以小幅高于零的速度增长以弥补储存成本。不过，由于实体经济的真实变量本身是随时间波动的，因此储存成本率也是波动的，即使不考虑市场价格围绕自然价格波动的因素，最优价格也是波动的。最优价格提供公平的市场环境，将对实体经济的干扰降到最低，有利于提高经济运行的效率，降低结构失衡损失。很显然，名义价格由市场决定，并非货币当局可以控制的，货币当局能做的是将货币供给对名义价格的不当干扰降到最低。

【重要结论】

1. 储存物品会发生费用与损失，要使持有货币与持有货物之间不存在重大差异，则实物的名义价格需要上升以弥补实物相对货币较高的储存成本，即最优的名义价格是使持有货币与持有货物之间不存在重大差异的价格。

2. 市场价格通常围绕自然价格上下波动，因此，通货膨胀率的变化并不始终保证储存成本率可以从实际利率得到弥补，而是在能弥补储存成本率的范围内上下波动。

• 合理的利率与合理的价格之间有着怎样的关系

本书已阐述过，最优的名义价格需要上升以弥补实物相对货币较高的储存成本使持有货币与持有货物之间不存在重大差异，但名义价格由市场决定，并非货币当局可以控制的，因此，货币当局能做的是将货币供给对名义价格的不当干扰降到最低。那么，货币当局是如何影响名义价格的呢？要回答这一问题，首先要分析价格的决定因素。

除了因稀缺性或垄断等因素导致供给不能及时根据需求做出调整的产品，成本是决定价格的最终因素，需求上行时，供给会相应增加，需求下行时，供给会相应减少，而名义价格会围绕成本为中心发生波动。名义利率的提升会导致名义资金成本等的提升，因而会提升产品的名义价格。

因此，不考虑影响价格的其他因素，仅仅考虑货币政策所能影响的那部分，货币政策能控制的是货币供给时使用的无风险名义利率，通过控制目标无风险名义利率影响价格。因此，不考虑影响价格的其他因素，在最优利率环境下价格将达到最优，或者说货币政策通过控制货币供给的无风险名义利率实现最优价格。不过，货币政策能控制的只有货币供给活动使用的无风险名义利率，市场名义利率并非货币政策所能控制的。

本书已经阐述过，最优的无风险名义利率是能弥补现金管理成本微低于零的利率，在该利率下，价格达到最优。如果货币政策使用的不是最优利率，如提高名义利率，必然使名义价格提高。因为生产者无力承担过高的成本，必然通过提高价格的方式向消费者转嫁过高的名义利率。因此，倘若没有足够的利润可供不承担风险的资金储存者抽取，高名义利率必然以高通货膨胀的形式将成本转嫁到消费者身上，降低实际利率使生产者过高的资金成本得到弥补。

正因为提高名义利率会提高通货膨胀，历史上加息抗通货膨胀往往在短期会带来更为严重的通货膨胀，远不是我们所认为的加息能减少货币供给降低通货膨胀。相反，执行通货膨胀目标制成功实现低通货膨胀的世界各国，无一例外的不是通过加息而是通过降息实现的，在低利率环境下维持了较低的通货膨胀水平。后文我们会详细分析加息抗通货膨胀失败的原因与案例。

三　什么是合理的通货膨胀率

本书已多次阐述，储存货物需要我们多付出一些劳动，且需要承担储存货物的减值损失以及储备过程中的保管费用，即为了储存需要支付一定的仓储设备、人工、发生一定的毁损等产生的费用（仅少部分储存会产生一定的孳息），因此，长期来看无风险活期储蓄的实际利率应为负值，负利率为货物储存成本率。同样，自己保管现金与将现金存放在保管机构应不存在重大差异，存放在保管机构需要付出一定的管理成本，长期来看，最优的活期无风险名义利率略低于零，负值为保管现金的成本。储存货币实际上储存的是货币对应的实物，储存货币与储存实物应不存在重大差异。因此，储存货币的名义本金扣除现金保管成本应可以购买到扣除存货储存成本后的储存货物，即名义利率弥补现金管理成本，实际利率弥补存货储存成本，差异因素为通货膨胀率。根据上述分析中负的实际利率、储存成本率、通货膨胀率三者的对应关系，笔者在此总结如下：假定不存在非正常冲击，在设定名义利率为零或弥补现金管理成本的略低于零的水平的情况下，通货膨胀率会自动调整，使得货币相对实物价值下降的损失大约等于存货储存成本。反过来说，在实施通货膨胀目标制维持低通货膨胀率弥补货物储存成本的环境下，无风险名义利率必然需要下降到零或弥补现金管理成本的略低于零的水平附近。尽管在本书提出基于储存成本的负利率目标制理论前，通过低利率实现低通货膨胀缺乏相应的理论支持，但在长期的货币政策操作实践中上述论断已得到证实，如成功实现低通货膨胀的美国、英国、日本等国，经过长期的货币政策操作，无风险名义利率已经下降到零或略低于零的水平，后文我们会在阐述通货膨胀目标制时进一步说明。

【重要结论】

1. 货币当局能决定的是无风险名义利率，提高利率将使生产商品所需的名义资金成本等提升，因而将提升名义价格。不考虑影响价格的货币政策以外的因素，货币当局通过实现最优的无风险名义利率达到最优价格。

2. 假定不存在非正常冲击，在设定无风险名义利率为零或者可以弥补现金管理成本的略低于零的负利率时，通货膨胀率会自动调整，使得货币相对实物价值下降的损失大约等于扣除货物储存孳息后的储存成本。反之，在实施通货膨胀目标制维持低通货膨胀率弥补货物储存成本的环境下，无风险名义利率必然下降到零或能弥补现金管理成本的略低于零的负利率附近。

• 货币政策的“物价稳定”目标有问题吗

货币作为商品名义价格的衡量尺度，应保证这个尺度稳定而不是经常发生变化，就像昨天的一千克今天不会变成五百克，昨天的一米今天不会变成一厘米，或者反之。然而，货币作为商品名义价格的衡量尺度与长度、重量等度量衡的差别在于其他度量衡是静态的，而货币度量衡是动态的。货币投入经济循环中对价格形成影响是个复杂的过程，这使得在负利率目标制理论提出以前，人们始终无法找到令人信服的逻辑来说明合理的价格究竟是多少。尽管人们逐渐意识到名义价格应当稳定，但何为价格稳定始终没有定论。稳定的名义价格是不是不变的名义价格？如果是变化的名义价格，变化率该是多少？对于这些问题，货币政策的物价稳定目标并不能给出满意的答复。从生产商品所需的三个组成部分（土地、劳动力、资本）也无法得出何为合理的价格变化。即便通货膨胀目标制的实施，也只是在实践中得出的经验数值，对于何为合理的通货膨胀率缺乏理论解释，对于为何会得出这样的经验数值依然存在着众多争议，如何达到通货膨胀目标也经历了长期的实践摸索过程。

理论上，如果现金的保管成本与实物的储存成本一致，同等数量的货币在现在换得的货物与在未来换得的货物应该是一致的，即现金与实物以同样的速度减少。不过，由于货物的保管较现金的保管更难，比如货物容易受到自然环境的腐蚀，食品容易腐烂变质，玻璃制品容易破碎毁损，等等，因此，货物的保管成本较现金的保管成本往往要更高一些。也就是说，即使你的存款不变，随着时间的增长这些存款换得的货物也会越来越少，即货币是贬值的或者说通货膨胀率通常是大于零的。你手里持有的现金实际上相当于这些现金所能买到的一揽子货物，你今天持有的货币能换回一千克货物，由于货物保存过程中保管费用的支付和保管损失的产生超过现金的保管成本，所以未来的某一天你持有同样数量的货币却只能换回少于一千克的货物了。这种货币相对实物贬值的过程我们称为通货膨胀。有一种导致通货膨胀率上升的因素是中央银行加印货币以非公正的方式进入市场流通，参与存货分配，对于这种情况，我们同样将之视为储存成本，即被以非公正的方式获得的货币消费掉的存货相当于对存货的盗取，类似于战争、灾难中的毁损，是一种非正常冲击的毁损。

《通货膨胀目标制：国际经验》一书对究竟何为价格稳定、通货膨胀目标具体是多少较为合理、为什么实践经验表明通常为1%~3%的通货膨胀目标更利于经济发展等做出了可能原因的分析，但依然缺乏有信服力的论证，比如“任何通货膨胀目标制的一个关键要素是，操作中价格稳定是指什么。笔者的建议是，价格稳定应定义为略高于通货膨胀度量偏差的一致预测（可能随时间变化而变化）。如果我们把一个大约1%的数字作为度量偏差的最佳估计值，然后再加上另一个1%的保险幅度，我们就得到一个拟议的每年大约2%的长期通货膨胀目标，这是一个与全世界做法相一致的数字……但是，有人可能会问，为什么2%的长期通货膨胀目标要好于简单又有零这一神奇数字的心理引力的零通货膨胀目标呢？或者，为什么不选择在剔除估计度量误差后与真实的零通货膨胀目标一致的1%的长期通货膨胀目标呢？我们需要一个安全幅度的原因是，把通货膨胀目标定得过低存在严重的风险。这些风险，包括真实工资灵活性降低的可能性（如果削减名义工资不可行）以及如果中央银行错误地引起经济滑入通货膨胀的反面（通货紧缩）而可能产生的金融不稳定。1%的真实通货膨胀目标为此类风险提供了某种保险。”

从《通货膨胀目标制：国际经验》一书的论述可以看到，价格稳定似乎可以解释为通货膨胀为零，然而，通货膨胀目标却不能设置为零，实践经验显示，设置为零会带来实体经济的种种阻碍，但对于为何会是2%左右的经验数据，却又找不到合理的理论来解释，因此，只能猜测各种可能的原因，诸如度量误差、避免通货紧缩的某种保险等。本书负利率目标制理论提出，储存存货需要付出储存成本，最优的名义价格应使持有货币与持有货物之间不存在重大差异。由于货物储存成本率通常大于现金管理成本率，价格稳定显然不能理解为零通货膨胀，在最优利率环境下应是能弥补货物储存成本率与现金管理成本率差额的通货膨胀水平。由于现金管理成本率是一个非常低的水平，近乎零，因此，尽管短期有波动，长期看，设定最优无风险名义利率接近现金管理成本率，通货膨胀率与货物储存成本率是一个较为接近的水平。那么，货物储存成本率大体是多少？是否接近通货膨胀目标制2%的经验目标呢？

储存成本率的数据笔者没有亲自统计，但是可以参考其他经济学家的统计数据。本杰明·格雷厄姆在《世界商品与世界货币》一书中写道："1937 年，笔者对储存 23 种商品组合的成本作了初步的研究，并得出结论认为每年的储存成本约为商品价值的 3%（详见《储备与稳定》第 108 页的图表）。在《政府储存食品和原料的政策》（《经济杂志》于 1938 年 9 月转载）中，凯恩斯估计每年的储备成本为商品价值的 4%，其中包括成本利息。进一步的研究表明，我在 1937 年对成本的估计过高，提议的 15 种商品组合储存于生产国只需要每年低于 2%的单位价值。例如，已公布的消息表明，巴西国家咖啡局储存咖啡的成本低于咖啡价值的 1%，而不是我们 1937 年图表中的 3%。"本杰明·格雷厄姆与凯恩斯所统计的商品储存成本率与零利率国家的通货膨胀率基本吻合，实施零利率时期的日本和美国，通货膨胀率的波动基本在-2%~4%之间。储存成本率的数据进一步支持了"负利率目标制"理论提出的实际利率大约弥补存货储存成本率的结论，也解释了为什么 1%~3%的通货膨胀率而不是零通货膨胀更有利于实体经济的发展。

根据负利率目标制理论，不需要太多的思考我们应该就能想到，在一个正常的社会经济环境下，储存成本率是较为稳定的，因此，通货膨胀率也应是较为稳定的。同时，由于货物储存成本率通常大于现金管理成本率，因此，通货膨胀率通常大于零。所以，不考虑特殊冲击的影响，最优价格并非为完全不变的价格，而是通常较为稳定地以小幅高于零的速度增长，增长的速度大约相当于实物的储存成本率。当然，如果无风险名义利率不是弥补现金管理成本率，而是一个大于零的正值，很显然，通货膨胀率会更高。既然最优价格并非为完全不变的价格，而是通常稳定地以略高于零的速度增长，那么增长的速度是否不变呢？储存物品会发生费用与损失，这种费用与损失会随着资源与人工成本、季节变化等发生波动，也会随着储存技术的变化而变化，因此，最优价格既不是完全不变的价格，也不是增长变化速度完全一致的价格。不过，在不存在重大异常冲击的情况下，储存成本的变化是平稳的、渐进的、可预期的，变化幅度通常不大。

在正常的社会经济环境下，由于储存成本率的较为稳定，货币政策的物价稳定目标大体成立。然而，本书已提到，名义价格并不完全受货币政策控制。在遭遇重大异常冲击时，大幅毁损等将导致储存成本率的大幅上升，使持有货币与持有货物之间不存在重大差异的名义价格也应上升，此时试图通过货币政策稳定物价无疑会导致货物储存者的储存成本得不到弥补，破坏正常的生产经营秩序。此外，即使未遭遇重大异常冲击，受心理因素、认知能力等因素的影响，市场价格会围绕自然价格波动，这也不应由货币政策来控制。

虽然负利率目标制理论认为并非在任何社会经济环境下物价稳定均有利于经济发展，然而，将货币政策目标定位为物价稳定目标无疑是货币发展长河中值得记入史册的重大事件，在货币政策定位为物价稳定目标从而带来通货膨胀目标制的发展前，我们曾经对货币政策寄予了过多的厚望，诸如充分就业、经济增长、国际收支平衡、金融稳定、物价稳定等。令人遗憾的是，货币终究只是货币，实体经济不会因为加印很多货币而取得发展，不过过少的货币同样不利于经济发展，货币只是个交易媒介，只要这个交易媒介不经常发生异常波动造成实体经济中的混乱，货币就是个很好的提高交易效率的工具，省去了物物交换的诸多麻烦。很显然，倘若货币管理不当造成了很多混乱，也必然影响到实体经济的运行，由于这种影响是违背实体经济运行规律的，因而对经济的影响是负面的，我们在后续章节再详细阐述。

【重要结论】

1. 并非任何经济环境下“物价稳定”都是最优状态。在遭遇重大异常冲击时，大幅毁损等将导致储存成本率的大幅上升，使持有货币与持有货物之间不存在重大差异的名义价格也应上升，试图通过货币政策稳定物价短期会导致货物储存者的储存成本得不到弥补，使企业生产经营无法正常进行。即使未遭遇重大异常冲击，受心理因素、认知能力等因素的影响，市场价格会围绕自然价格波动。

2. 货币政策不应以“稳定物价”作为最终目标。货币政策应通过设置最优名义利率促进最优价格的形成，而不应控制价格。市场价格由市场决定，不应由货币政策决定，货币政策为稳定物价进行的不当操作会造成货币管理的混乱，扰乱实体经济正常的生产经营秩序，形成不公平的财富再分配与不合理的资源配置。

•“货币数量论”错在哪里

名义价格是以货币表示的，因此，货币的变化会影响名义价格这一点毋庸置疑。然而，货币究竟是如何影响价格的？中央银行该如何控制货币与价格？虽然本书已给出了明确的答案，然而，在此之前，这却是个让经济学家煞费苦心的问题。关于货币量与物价关系的公式 MV=PY 在货币舞台上发挥了重要作用，这一理论我们通常称为货币数量论。迄今为止，未实施通货膨胀目标制的国家中依然有很大部分国家的货币政策沿用这一公式，成功实施通货膨胀目标制的国家在达成通货膨胀目标的过程中也曾试图根据这一理论控制通货膨胀。

尽管现代货币数量论指出数量理论首先是一种货币需求理论，不是一种产出理论、货币收入理论或价格水平理论，并构建了货币需求函数，然而，在具体到货币政策的建议上时，依然试图将货币量 M 与产出 Y 直接对应，并试图通过控制货币量 M 来控制价格水平 P。而货币周转速度 V，显然是在已知M、P、Y三个统计数据的情况下反过来计算出来的，不是直接从经济数据中观察到的，并且这一数据受人们对货币的实际使用过程影响，央行无法予以控制，因此，常常将之忽略在政策考虑的范围之外。

现代货币数量论的重要代表人物之一米尔顿·弗里德曼在《最优货币量》一书中给出的货币政策建议是："我希望以保持最终产品价格不变而设计的稳定的增长率增加货币量，我估计美国这一比率是每年4%到5%，货币总量定义为包括银行之外的通货和商业银行所有的活期和定期存款。"

弗里德曼将货币量的增速设计在4%到5%，是因为假定产出一年增长约3%到4%。他在分析亨利·西蒙斯等人提出的使"持有货币的绝对量为常数"的政策时指出："给定产出一年增长约3%到4%，如果货币的实际需求持续上升，实际收入保持过去一个世纪中的平均值，持有货币的绝对量为常数的政策会使价格一年下降约4%到5%。"因此，为保持价格不变，最优货币量就应该是年增速4%到5%。弗里德曼所希望的由最优货币量来决定的价格水平，是在货币供给量稳定地以接近产出增长的速度增长时，所形成的稳定的近乎不变的价格水平。弗里德曼并不认为"持有货币的绝对量为常数”的政策本身存在问题，而是认为“这种政策看上去在短期内过于激烈，尽管它是很好的长期政策的目标”，因为这样的政策“将会要求美国的价格水平每年至少下降5%，急速转换到这种情况，我推测它会有非常大的成本”。

米尔顿·弗里德曼所支持的控制货币总量的货币政策并非是按照产出来安排货币供给，而是以稳定的增长速度来安排货币供给，因为他认为货币当局的货币政策操作滞后，这就导致了货币政策操作不当的停止和开始本身会造成经济波动，而尽管短期看产出会有较大波动，但长期看，产出的增长速度会维持一个稳定的增长速度，稳定的货币供给增长速度与稳定的产出增长速度长期看差异不大。结合弗里德曼其他论述也可以判断，弗里德曼是支持货币供给量与产出的稳定关系的。然而，即使我们假定货币供给量与产出的关系是稳定的，假定货币需求仅仅与产出相关，当产出发生变化时，货币供给变化不能适应货币需求的变化，这会对实体经济造成不当影响，阻碍实体经济的顺利运行。

米尔顿·弗里德曼也并非不赞同货币政策的物价稳定目标，而是认为货币当局没有能力控制物价稳定。在《最优货币量》一书中他提到：“当生产者与消费者，雇主与雇员都能够完全相信在未来平均价格水平以一种已知的方式变动——最好是高度稳定的方式，那我们的经济体制就能运作最佳。”可见，弗里德曼认为物价稳定对经济是有利的。不过，弗里德曼认为，相对于货币总量，价格水平难以控制，对于货币政策应该如何实施，他认为：“第一个要求是货币当局应该以其所能控制而不能以其所不能控制的数量为指导。如果货币当局像它经常所为的那样将利率或现行失业率作为货币政策的指导标准，它就会像一艘宇宙飞船那样以一个错误的星球为基准。不论其指引设备如何敏感与精准，该宇宙飞船都将毁灭。货币当局也是如此。在许多它所能控制的各种数量中，最有吸引力的政策指导是汇率、用某个指数定义的物价水平以及货币总量——通货加上已调整的活期存款，或这一总量加上商业银行定期存款，或者更广义的总量。我们根本不能精确地预测一项特定的货币行动将对价格水平产生什么影响，以及同样重要的是，将在何时产生影响。因而，由于错误的停止和开始，试图直接控制价格水平将有可能使货币政策本身成为经济波动的根源。或许，随着我们对货币现象的理解向前推进，这一状况将会改变。但在我们现有的理解阶段，迂回路线似乎是实现我们目标的更可靠的路径。

因此，我相信货币总量乃是现在可用的最好的货币政策的直接指导或标准，并且我相信究竟选择何种特定的货币总量相对于被选出来的那个总量并不那么重要。”

正因为弗里德曼认为价格水平无法控制，根据经济变化调整货币供给的措施滞后可能反而会扩大经济波动，因此，弗里德曼提出以稳定的货币总量增长率作为货币政策目标，他指出：“……货币政策的第二项必备条件是货币当局应避免政策的剧烈摇摆。在过去，货币当局偶尔朝着错误方向采取行动，如我一再强调的大萧条那样的事件。更为频繁地，他们朝着正确的方向前行，尽管常常太迟缓，而且由于走得太远犯错误。太迟与太过已经是司空见惯的事了。我个人的处方仍然是货币当局应当完全同意避免这种波动，而通过公开采取某一指定的货币总量实现稳定增长率的政策。如同精确的货币总量一样，精确的增长率较之某种指定的并已知的增长率并不那么重要。我曾经赞成这样一个增长率，即最终产出的价格水平按平均值将大致稳定，我估计在通货加上商业银行的所有存款，每年增长率要求保持在差不多3%至5%，或者只是通货加活期存款略微低一点的增长率。但是，假如货币增长率稳定，即使按平均值固定增长或会产生温和的通货膨胀或温和的通货紧缩，总会比遭受我们所经历过的那种广泛而无规律的扰动要好。通过设定一个稳定的路径并坚持下去，货币当局就可以对促进经济稳定做出极大的贡献。通过使该路径成为一个稳定但温和的货币数量增长率，就可以对避免通货膨胀或通货紧缩做出极大的贡献。”

弗里德曼认为货币当局没有能力控制价格水平，这与本书提出的负利率目标制理论一致，负利率目标制理论认为尽管货币当局通过控制无风险名义利率可以影响价格水平，但并不能完全控制价格水平。弗里德曼认为货币政策操作滞后，不当的货币政策操作反而会扩大经济的波动，这也与本书提出的负利率目标制理论一致，负利率目标制理论认为货币需求领先于货币供给，货币需求的准确预测存在困难，因而无法准确计算符合货币需求的货币供给。弗里德曼提出货币政策应满足的两项必备条件：“货币当局应该以其所能控制而不能以其所不能控制的数量为指导”以及“货币当局应避免政策的剧烈摇摆”。条件本身是没有任何不当之处的，然而，弗里德曼所推崇的“稳定的货币增长率”政策并不能满足这些条件。

先说第一个必备条件，即“货币当局应该以其所能控制而不能以其所不能控制的数量为指导”。既然货币当局要控制货币量，首先要能给出一个合理的货币量。这个合理的货币量应该满足市场的需要。显然，倘若市场没有货币需求，央行不应强行将货币塞给市场；倘若市场有货币需求，央行也不应强行制止市场的需求。所以，货币不应该是个主动量而应该是个被动量，即央行的货币供给量应适应市场的货币需求量。市场的货币需求量是多少呢？凯恩斯指出，流动性偏好由交易动机、谨慎动机、投机动机共同影响。货币需求量不完全由产出决定，产出正向影响的主要是交易动机的资金需求，即使仅仅考虑产出影响的货币需求量，实体经济中的产出本身也难以准确预测。由于货币需求的不可准确预测，合理的货币量本身就难以给出。

弗里德曼提出的4%至5%的稳定的货币总量增长率长期看有其合理性。从长期看，假定不存在重大异常冲击，货币总量的增速如果能接近产出总量的增速，长期通货膨胀水平应能控制在较低的水平。但从短期甚至中期看并非如此，即使不考虑名义量，经济中的实际量本身是波动的，货币需求也是波动的，当货币供给不能满足货币需求的波动，就会造成货币供给的过剩或不足，这种过剩或不足会直接影响到生产部门生产资金的筹集以及造成通货膨胀水平的不合理波动等。在开放经济中，资本在不同国家间流动，这也加大了一国货币需求量的波动。以美国为例，美元作为世界避险货币，当全球经济风险上升时，大量避险资金流向美国，其货币供给量的变化与产出变化常常表现出负相关性。此外，并非如弗里德曼所愿的是，即使货币当局能准确计算货币供给量，也没有能力准确控制。这一点本身就违背了弗里德曼提出的“货币当局应该以其所能控制而不能以其所不能控制的数量为指导”这一原则。而“负利率目标制”却是遵循这一原则的，货币当局可以完全控制其接收与供给货币时使用的利率，并且这一利率可以合理计算，因为现金管理成本是可以较为准确地计算出来的，且正常经济状况下波动几乎可以忽略不计。之所以弗里德曼认为利率不可控制，是因为他没有区分有风险的市场利率和无风险的货币政策利率。

货币当局没有能力准确控制货币总量目标，这一点已经在货币政策执行历史上无数次得到了验证。威廉·西尔伯在《力挽狂澜——保罗·沃尔克和他改变的金融世界》一书中这样写道：“1975 年 4 月至 1978 年 9 月期间，货币数量每年增长 10%。自第二次世界大战结束以来，货币供应量以这么快的速度增长只有在1970年2月至1973年7月期间，两者持续时间都差不多。尽管伯恩斯也在批评卡特政府的经济政策，但他在1977年未能阻止货币供应量的增长，导致对经济形成进一步的刺激，这被认为至少对当前的通货膨胀危局负有部分责任。阿瑟·伯恩斯一直都在告知国会，美联储已经将货币总量的增速调低，以使通货膨胀逐步平稳下滑，与此形成鲜明对照的是，实际的货币增速不降反升。难道他口是心非吗?”可见，美联储调低货币总量增速的努力并没有成功。即使弗里德曼提出的稳定的货币总量增长率是合理的，受商业银行的货币创造功能等影响，货币供给量并非完全由中央银行控制。此外，中央银行控制货币量往往并非是直接给定一个具体的固定的数值，而是通过调整货币政策利率来调整货币量的供给，为了减少货币供给量，中央银行常常以提高利率的方式来制造所谓紧的货币环境，相反，以降低利率的方式来制造所谓松的货币环境，然而，事实却常常正好相反，利率提高后货币总量增速不仅没有下降反而上升了，利率降低后货币总量增速不仅没有上升反而下降了，这一点弗里德曼也观察到了。加息减少货币量和降息增加货币量的失败，以及中央银行“加息抗通货膨胀”或“降息抗通货紧缩”的不成功，其原因我们在本书后续章节中再详细阐述。

伯南克等人所著的《通货膨胀目标制：国际经验》一书研究各国中央银行的货币供给量目标控制过程也发现，既定的货币供给量目标常常不能如预想的顺利达成。以对瑞士的研究为例，书中提到：“1979 年春天，尽管没有公开宣布，瑞士国民银行重新回到货币目标。从 1980 年起，又重新宣布货币目标，但是这次瑞士国民银行选择更窄的货币总量作为目标。由于瑞士比德国经济规模更小、开放度更高，因而对广义货币的控制更具挑战性。”中央银行垄断货币的发行，控制的主要是基础货币，广义货币已经超出了中央银行的控制能力，同理，弗里德曼提出的货币总量目标超出了中央银行的控制能力。观察日本的经济数据可以看到，20 世纪 90 年代后的大降息，尽管基础货币量大幅增长，M1 增速曾出现大幅波动，M2、M3 的增速却变化不大，平稳地处于较低的水平，QE 期间的美国同样如此。因此，弗里德曼试图依靠央行来控制稳定的货币总量增速进而使价格维持稳定是无法实现的。

对于德意志联邦银行试图实现货币目标的操作过程，《通货膨胀目标制：国际经验》一书做了更详细的描述：“在

20 世纪 70 年代和 80 年代期间，德意志联邦银行的货币目标有大约一半时间出现低估或者高估，在多数情况下它对高估的目标进行回调处理。它还对通货膨胀以外的变量变化做出反应。从 1975 年 CBM 目标开始，德意志联邦银行就认识到中央银行货币容易受到流通中的货币的特殊变动的影响。1977 年，德意志联邦银行在德国马克出现升值和经济活动变冷后，就允许 CBM 的增长高于目标。当时实行目标制才两年时间，德意志联邦银行对此的解释是‘会有实现中间目标变量不能作为首要目标的时候’，因而承认在决策中实际部门和汇率变化的重要性。在 1981 年和 1982 年早期，由于德国马克币值趋软，CBM 增长比 M3 的增长缓慢，这种趋势造成大量德国马克回流和收益曲线逆转（短期利率高于长期利率），进而造成投资组合从货币流入高收益的短期资产。相应地，1981 年原定的 4%~7%的货币目标出现低估。1986 年和 1987 年出现了相反的情况，也就是强势马克和处于历史水平的低利率，使得 CBM 先是增长了 7.7%，然后是 8%。在货币需求不稳定，以及货币增长对目标变量的影响难于预测的情况下，就很难实现短期货币目标。……尽管 GDP 增长在 1991 年的下半年出现放缓，但 M3 的增长却加速。在一定程度上这种加速是由于当时收益曲线出现反转，造成定期存款强劲增长，使得银行为了扭转储蓄存款外流的势头以具有吸引力的条件提供特别存款计划。尽管出现高利率，但由于银行对私人部门的贷款迅速增长，这一问题变得更突出。德意志联邦银行对1992年以来M3增长出现大幅波动的解释显示，对M3的需求的变化越来越与金融资产的需求而不是与对交易中介的需求接近。……1996年，M3增长超出德意志联邦银行4%~7%的目标，造成这种差距的原因是在最后一个季度，当时很多居民购买新发行的德国电信股票，影响到狭义货币的变化。"

由于货币需求并非货币当局能准确预测的，尤其异常冲击到来时。因此，给出一个确定的货币总量增长目标并不合理，即使货币总量增长目标给定了，中央银行也无法准确控制这一目标。而1996年德国通过降低货币政策工具利率，实现了较低的通货膨胀，货币供给量却偏离了目标，这与本书负利率目标制理论关于降低利率会降低资本成本从而降低价格的观点一致。

对于弗里德曼提出的货币政策的第二项必备条件，即"货币当局应避免政策的剧烈摇摆"，与本书提出的负利率目标制理论是一致的，然而，如何定义货币政策的剧烈摇摆却是不一致的。显然，弗里德曼在这里所说的货币政策的剧烈摇摆更倾向于认为是货币供给量的剧烈摇摆，但负利率目标制理论认为，货币政策的剧烈摇摆应是指利率的剧烈摇摆。只要不是非公平的货币发行形成不当的财富分配，最终对实体经济造成影响的是利率波动而不是货币供给量波动，利率的不当波动会导致实体经济的筹资成本发生不当波动。同时，根据负利率目标制理论，利率的不当波动会导致价格的不当波动，而价格的不当波动同样会扰乱正常的市场秩序，并且，价格的不当波动违背了弗里德曼物价稳定的初衷。1996 年后德国维持了二十多年的低通货膨胀，货币供给量增速却是大幅波动的，这显然不符合弗里德曼所认为的货币供给量增速应稳定不应剧烈摇摆的观点，货币供给量增速的剧烈摇摆却伴随着价格稳定的最终结局也大大超乎弗里德曼的预期。

在本书的负利率目标制理论提出“最优价格应使持有货币与持有实物不存在重大差异，货币应适当贬值使得实际利率可以弥补实物的储存成本”前，对于最优价格一直没有具有说服力的理论依据。米尔顿 · 弗里德曼在《最优货币量》一书中提到：“最优价格水平，人们已经讨论了至少一个世纪，但是还没有找到确定和可证实的答案。十分有趣的是，当最优货币量间接地解决这一问题时，就能给出一个确定的问答。不同的是以往常规地讨论强调短期的调整，而这里侧重长期的效应。”弗里德曼认为，稳定的接近产出增速的货币供给可以带来稳定的物价，这就是最优的价格水平。然而，历史经验表明，货币供给量稳定地以接近产出增长的速度增长并不一定带来稳定的价格水平，世界上逐步实现零或负无风险利率、低通货膨胀的国家并非都有着稳定的货币供给量增速，并且货币供给量与产出并非一定同向波动，有时甚至表现出反向波动。

尽管较低的价格水平有利于降低交易中的货币需求量，低利率低通货膨胀的实现利于广义货币量增速在一个较低的区间波动，但货币需求量也会受到其他因素的影响。中央银行无法直接控制广义货币量，这与弗里德曼期望央行实现的货币目标不符。在零利率实施的初期，美国、日本等国的量化宽松政策使得狭义货币量出现了剧烈波动，尤其基础货币量增速显著上升，广义货币量的增速并未上升，与传统所认为的加息减少货币供给量、降息增加货币供给量的简单逻辑并不一致。QE 期间的美国，M1 增长速度高点达到 20%，M2

增长速度高点达到10%，无风险活期名义利率接近零，并未出现高的通货膨胀水平，这正好与本书负利率目标制理论相一致，货币当局控制无风险存款利率为最优利率，通货膨胀会自动调整到使实际利率可以弥补存货储存成本的水平。

不同于负利率目标制理论“货物储存将发生储存成本，货币应适当贬值使实际利率弥补货物储存成本”的观点，弗里德曼认为储存是“放弃消费的成本”，由此得出货币应升值弥补放弃消费的成本。米尔顿·弗里德曼在《最优货币量》一书中写道：“现金余额从价值增值中获得的投资收益刚好平衡，对于每个个人来说，抵消的是放弃消费的成本，对于每家借债持有现金余额的企业来说，抵消的是债务实际价值上升带来的成本。……用有限生命的个人代替长生不老的个人给出了一个可能的原因来解释正的内部贴现率。……除了价格下降，另一种抵消个人持有额外的现金余额的显性成本的方法是对于货币付出利息。就像我们前面假设的那样，代替提高税收而减少货币量取得收益，这些收益可以用来给个人持有的现金余额发放利息，名义货币量保持不变。确实，在我们前面结论中价格的下降可被视为是仅有的可行的给通货发放利息的管理方法。”弗里德曼在阐述最优货币量时并没有区别无风险名义利率与有风险的名义利率，有风险的名义利率要承担本金损失的风险，所以，需要一定的风险溢价补偿。本书已阐述过，货币代表货币对应的货物，货币的供求代表货币对应的货物或资本的供求，实体经济的风险利率由市场资本借贷决定，不应由货币当局的货币政策所控制。合理的货币政策下，风险市场利率由资本借贷决定，货币当局不应干扰，弗里德曼未区分货币政策控制的无风险利率与市场风险利率，是导致分析结论出现偏差的重要原因。负利率目标制理论提出以前的货币政策理论认为利率并非货币政策可以控制的，试图设定货币供给量、通货膨胀水平目标，却不设定利率目标，主要是因为未区分货币政策控制的无风险利率与市场风险利率，未找到无风险利率的内在逻辑，不能合理地确定货币政策应控制的无风险利率目标设定为多少才算合理。

综上，货币数量论存在两大问题：①中央银行没有能力制定满足货币需求的货币供给量目标；②货币当局通过货币政策无法准确实现货币供给量目标。

【重要结论】

1. 货币需求受到交易动机、谨慎动机、投机动机等因素的影响，并非货币当局能准确预测的，尤其异常冲击到来时。因此，给出一个确定的货币总量增长目标并不合理，不能适应货币需求的货币增长目标不利于经济的正常运行。

2. 受商业银行的货币创造功能等影响，货币供给量并非完全由中央银行控制，因此，即使货币总量增长目标给定了，中央银行也无法准确控制这一目标。

●“加息抗通货膨胀”的说法还要骗我们多久

提高利率会减少货币供给量，货币供给量少了物价就会下行，长期以来我们都被这个简单的逻辑所欺骗，然而，加息真的能抗通货膨胀吗？

尽管多数经济学家都认为通货膨胀是一种货币现象，过多的货币追逐过少的货物导致通货膨胀，但历史已无数次的证明，加息紧缩货币未必降通货膨胀。本书已经阐述过，除非供给受到限制，否则，从长期看决定价格的是成本而非供求。利率通过影响生产商品所需的名义资金成本等影响名义价格，提高利率将使生产商品所需的名义资金成本提升，因而将提升名义价格，降低利率将使生产商品所需的名义资金成本下降，因而将降低名义价格，这是世界货币政策史上加息控制通货膨胀与降息提高通货膨胀都不成功的原因。执行通货膨胀目标制成功实现低通货膨胀的世界各国，无一例外的显示低通货膨胀不是通过加息实现的而是通过降息实现的，在低利率环境下维持了较低的通货膨胀水平。

我们习惯将通货膨胀解释为过多的货币追逐过少的货物，将控制通货膨胀理解为控制过多的货币。通货膨胀的两个面，我们过分关注其中的一个面，即过多的货币，而忽视了通货膨胀的另一个面，即过少的货物，导致了加息控制通货膨胀的失败。人为地通过提高利率控制货币供应量导致利率水平偏离企业利润率的承受能力，从而使得实体经济企业原有正常的生产、投资计划因资金成本上升无法进行，导致风险上升及生产不足，因而形成过少的货物。从货币与价格的关系看，不考虑其他因素，同等货币下货物的减少会导致通货膨胀；从利率与价格的关系看，利息成本的上升需要通过通货膨胀的上升转嫁给消费者。因此，不当的货币供给量控制不仅不能控制通货膨胀，反而会导致更严重的通货膨胀。国际货币政策经验表明，通过加息紧缩货币抗通货膨胀难以成功，反而会导致更严重的通货膨胀。

在伯南克等人所著《通货膨胀目标制：国际经验》一书中是这样描述加拿大的通货膨胀目标制经验的："加拿大银行在面对疲软的经济状况时，通过运用通货膨胀目标手段，采取放松货币条件的政策，同时相信这种放松货币的政策不会导致未来对更高通货膨胀水平的预期。"加拿大在面对

1991 年的通货膨胀上升压力时并没有提高利率，试图使货币环境更宽松，1992 年通货膨胀下行至目标区间。从加拿大的经验可以看到，以符合货币需求的货币供给保证企业生产的正常进行，避免人为加息提高企业的资金成本导致过少的货物，反而可以达到控制通货膨胀的目的。

《通货膨胀目标制：国际经验》也列举了新西兰的例子："从 1990 年 12 月中旬开始，新西兰储备银行开始允许 90 天银行票据利率大幅度下降，以应付低于预期的通货膨胀压力，然而 1991 年 8 月，新西兰储备银行对通货膨胀正在下降的速度表示吃惊。其在 1991 年 1 月的货币政策声明中，还曾经预测整体通货膨胀在第二年 12 月会略高于 2. 5%～4. 5%通货膨胀目标的中间点。但实际上，到第二季度的 6 月份，通货膨胀率却已经降到 2. 8%。"由此可见，降息放松货币政策防止通货膨胀过快下降并不成功。《通货膨胀目标制：国际经验》中同样写道："由于进一步采取紧缩货币政策，从 1994 年 6 月到 12 月，银行票据利率从 5. 5%上升到 9. 5%。1995 年第二季度整体通货膨胀上升迅速达到 4. 6%。"这也表明，加息紧缩货币控制通货膨胀率的过快上升也不成功。

利率通过影响名义资金成本等影响名义价格，提高利率将使生产商品所需的名义资金成本提升，因而将提升名义价格；降低利率将使生产商品所需的名义资金成本下降，因而将降低名义价格，这是新西兰加息控制通货膨胀与降息提高通货膨胀都不成功的原因。

从上述分析可以看到，由于通货膨胀目标制仅仅给出了通货膨胀目标，对如何实现目标并无具体的技术方案，各国在实施过程中做出尝试多次失败，最终寻找到相对较为有效的实现手段。人为过度地加息或降息都会导致货币供给不适应货币需求，只会扰乱经济秩序而不会实现通货膨胀目标。但如本书所阐述的，通货膨胀目标制在世界货币政策史上发挥了很积极的作用，各国在通货膨胀目标制实施过程中总结出的成功经验显示，较为有效地实现通货膨胀目标的手段其操作接近于本书基于储存成本提出的负利率目标制理论，低利息下的低通货膨胀率较好地弥补了货物的储存成本。不过，加息抗通货膨胀的失败至今为止仍然未得到人们的认识，我们再列举货币政策史上几个加息抗通货膨胀不成功的案例。

威廉·西尔伯在《力挽狂澜——保罗·沃尔克和他改变的金融世界》中举了较多美国加息控制通货膨胀的例子，但最终都未能成功。他在书里这样写道："自从 1981 年 12 月以来，货币供应量大增 15%，这让所有的委员都很吃惊，如果考虑到 1981 年中开始的深度衰退，货币需求应下降才对。在 1982 年 2 月 1 日这次联邦公开市场委员会会议即将结束的时候，委员们投票决定考虑‘货币供应量近期的上升问题’，并准备在 1982 年一季度‘不再增加货币供应’。委员会还将联邦基金利率提高到了 14%，而 1981 年 12 月的目标利率是 12%。”

从威廉·西尔伯上述描述可以看到，将深度衰退与货币需求下降直接相关联，是因为仅考虑到与产出相关的货币需求，即主要考虑的是交易动机的货币需求。不过，他随后又这样写道：“未能阻止住 20 世纪 30 年代的‘大萧条’，是美联储最大的失误，之后美联储再次铸成的大错是对 20 世纪 70 年代通货膨胀的失控。沃尔克估计此刻援引 1929 年的例子会促使联邦公开市场委员会委员们达成共识，同意将政策导向从进攻（控制货币总量以抗击通货膨胀）转向保守（降低利率以维护银行体系稳定）。沃尔克是对的。在 1982 年 10 月 5 日的联邦公开市场委员会上，委员们以 9：3 的表决结果，同意将货币政策目标转向降低利率。”可见，美联储在实践过程中发现加息控制通货膨胀并不成功，反过来尝试采取降低利率的办法，而降低利率的措施也的确带来了通货膨胀的下行。

同样的例子在俄罗斯近年的货币政策执行历史中可以看到。俄罗斯的能源经济使得资本流入、流出受原油价格的重大影响，俄罗斯货币政策试图对抗原油价格的冲击，这使得货币供给不能很好地适应货币需求。俄罗斯经济在很大程度上依赖石油出口，石油是俄罗斯政府税收的重要来源。实际上，石油价格变化与俄罗斯卢布的汇率变化高度相关，油价下跌时资本流出俄罗斯，因而油价的下跌伴随着卢布的贬值。

以 2014 年的卢布贬值为例，由于卢布贬值幅度过大，俄罗斯央行 2014 年 12 月 16 日连夜召开紧急会议，于莫斯科时间凌晨 1 点左右发布声明，将关键利率从 10.5%大幅上调到 17%，这是 1998 年俄罗斯债务违约以来俄央行最大幅度的加息。俄罗斯央行指出，此举旨在阻止卢布贬值、防控通货膨胀大幅走高风险。从俄罗斯数据可以看到，俄罗斯汇率指数从 2008 年以来与原油价格表现出很大的相关性，随着原油价格的大幅下行，俄罗斯汇率指数也出现了大幅下行。2014 年中开始原油价格大幅下行，12 月的大幅加息后，短期国债利率显著高于长期国债利率，工业产出增速大幅下行进入负增长阶段，通货膨胀却大幅上行，俄罗斯汇率指数短期反弹后继续下行。显然，俄罗斯央行的加息未能阻止卢布的跌势，也未能控制通货膨胀，却加剧了经济的危机。

如本书负利率目标制理论所一贯强调的，要使自行持有现金与将现金交付保管机构保管不存在重大区别，倘若货币储存者不承担保管风险，就必须向货币保管者支付保管费用。因此，无风险名义利率应为负值，负值用以弥补现金的保管成本。储存货物需要付出储存成本，承担储存货物的减值损失以及储备过程中的保管费用，要使储存货币与储存实物不存在重大差异，则实际利率应为负值，负值用以弥补货物的储存成本。

人为地通过提高利率控制货币供应量导致利率水平偏离企业利润率的承受能力，从而使企业正常的生产投资无法进行，从而形成过少的货物，不考虑其他因素，同等货币下货物的减少会导致通货膨胀。此外，利息成本的上升需要通过通货膨胀的上升转嫁给消费者，因此，当生产者没有足够的利润可供抽取，高名义利率最终会以高通货膨胀的形式将成本转嫁到消费者身上，降低实际利率使生产者过高的资金成本得到弥补。不当的货币供给量控制不仅不能控制通货膨胀，反而会导致更严重的通货膨胀。前文也已阐述过，通货膨胀率自动调整使得实际利率可以弥补储存成本率，在储存成本率较为稳定的情况下，提高名义利率必然同时提高通货膨胀率。高通货膨胀与高名义利率共存的俄罗斯，实际利率长期为负，20 世纪 70—80 年代美国的高通货膨胀与高名义利率共存阶段也出现过实际利率为负的情况。

除了从名义资金成本上升提高名义价格解释加息控制通货膨胀为什么不成功，我们还可以从另一个角度来分析加息抗通货膨胀的谬误。之所以认为加息能抗通货膨胀，一是认为提高利率会减少货币供给量，二是认为货币供给量少了物价就会下行，两者结合得出加息抗通货膨胀的结论。加息抗通货膨胀是以加息能减少货币供给量为前提，而事实上，加息未必能减少货币供给量，上升的名义利息需要以货币支付，上升的名义价格同样需要以货币支付。因此，提高利率可能不仅不能减少货币量，反而增加了货币量。弗里德曼在《最优货币量》一书中提到："历史上高而且上升的名义利率一直与货币量的快速增长相联系，如巴西或智利或最近几年的美国，低而且下降的利率一直与货币量的缓慢增长相关，现如目前的瑞士或者 1929—1933 年的美国。作为一个经验问题，低利率是货币政策一直紧缩的征兆——就货币增长缓慢而言；高利率是货币政策一直宽松的征兆——就货币量增长迅速而言。广泛的事实经验恰恰与金融社会和学术界的经济学家一般认为理所当然的方向背道而驰。”不过，弗里德曼举此例子只是想说明货币政策控制不了利率。可见，弗里德曼已经注意到，提高利率反而提高了货币量，降低利率反而降低了货币量。除了“提高利率会减少货币供给量”不能成立，“货币供给量少了物价就会下行”也未必成立，本书已阐述过，货币需求受多种动机影响，货币量与物价的关系不是简单的比例关系。

【重要结论】

1. 本书已经阐述过，除非供给受到限制，否则，从长期看决定价格的是成本而非供求。利率通过影响生产商品所需的名义资金成本等影响名义价格，提高利率将使生产商品所需的名义资金成本提升，因而将提升名义价格；降低利率将使生产商品所需的名义资金成本下降，因而将降低名义价格，这是世界货币政策史上加息控制通货膨胀与降息提高通货膨胀都不成功的原因。我们通过观察世界各国较长时期以来的名义利率与通货膨胀率数据可以很清楚地看到，名义利率与通货膨胀率基本是表现出同向变动特征的，名义利率提升，通货膨胀率提升，名义利率降低，通货膨胀率降低。

2. 人为地通过提高利率控制货币供应量短期内导致利率水平偏离部分企业利润率的承受能力，从而使得实体经济企业原有正常的生产、投资计划因资金成本上升无法进行，导致风险上升及生产不足，因而形成过少的货物。从货币与价格的关系看，不考虑其他因素，同等货币下货物的减少会导致通货膨胀，从利率与价格的关系看，利息成本的上升需要通过通货膨胀的上升转嫁给消费者，因此，不当的货币供给量控制不仅不能控制通货膨胀，反而会导致更严重的通货膨胀。

3. 加息未必能减少货币供给量，上升的名义利息需要以货币支付，上升的名义价格同样需要以货币支付，世界各国的降息过程也显示，从利率与货币供给量的数据变化并不能得出降息导致货币供给量更大幅度增长的结论，“加息减少货币供给量”不能成立。货币需求受多种动机影响，货币量与物价的关系不是简单的比例关系，“货币供给量少了物价就会下行”也未必成立。因此，加息抗通货膨胀的结论也就不能成立。

• 国际上盛行的“通货膨胀目标制”有什么缺陷

货币政策经过不断地实践与发展，从最初的充分就业、经济增长、国际收支平衡、金融稳定、物价稳定等多种目标逐步向货币政策单一的物价稳定目标靠拢。货币政策目标逐步定位为物价稳定目标，从而产生了通货膨胀目标制。

沿用本 · S. 伯南克、托马斯 · 劳巴克、弗雷德里克 · S. 米什金、亚当 · S. 波森等人在《通货膨胀目标制：国际经验》一书中对通货膨胀目标制的定义，通货膨胀目标制是一个货币政策框架，它的主要特点是公开宣布一个或多个时限内的官方通货膨胀的数值目标（或目标区间），同时承认稳定的低通货膨胀是货币政策的首要长期目标。工业化国家相继采取了某种形式的通货膨胀目标制，如新西兰、加拿大、英国、瑞典、芬兰、以色列、西班牙和澳大利亚等。

1978 年通过的《汉弗莱 · 霍金斯法》（又称《充分就业和平衡增长法》）正式将美联储的职责表述为充分就业和价格稳定。由参议员比尔 · 萨克森提出的法案（《1997 价格稳定法案》）就公开要求美联储采用通货膨胀目标制。1989 年通过的《新西兰储备银行法》要求新西兰储备银行制定与执行货币政策以实现与维持价格总水平的稳定为经济目标。作为欧洲货币同盟的基础，马斯特里赫特条约确定将价格稳定作为欧洲中央银行的主要目标。

通货膨胀目标制在不断的实践中完善壮大，然而，通货膨胀目标制是一种货币政策经验制，通货膨胀目标制虽然提出了以价格稳定为目标，但对这个目标设定为多少才为合理以及如何实现这个目标并无明确的理论指导与操作方案。因为通货膨胀目标制未给出操作指导，在通货膨胀目标制的实施过程中，要准确地达到目标很难，并且，在经济遭遇重大异常冲击时，常常不得不调整目标，而调整到怎样的范围视为合理，显然缺乏足够的理论依据。

伯南克等人所著《通货膨胀目标制：国际经验》一书指出："在技术层面，通货膨胀目标制并没有给中央银行提供一个简单、机械的操作指导，而是要求中央银行利用经济的结构模型和判断模型，以及所有它认为相关的信息，来实现价格稳定目标。换言之，尽管有一个侧重的目标，通货膨胀目标制仍在很多方面是一种什么都考虑的策略……通货膨胀目标制在实际操作中给决策者相当程度上的相机抉择权……总供给冲击，如石油价格冲击，对采取通货膨胀目标制的国家来说是个较为棘手的问题。一旦严重的供给冲击影响经济，使通货膨胀接近目标可能要付出非常高昂的损失产出和就业的代价。但是，正如在本书中的案例分析所显示的，一个设计良好的通货膨胀目标制可以很好地应对供给冲击。例如，大多数国家设计的通货膨胀目标至少排除了第一轮供给冲击的效应，如食物或能源价格上涨或上调增值税的第一轮影响。免责条款允许中央银行调整中期目标以应对不可预测的变化，是应对供给冲击的另一种办法。……在1979年石油供给冲击后，德意志联邦银行设定短期目标，以逐步消除随着时间的变化由供给冲击造成的通货膨胀，一直到再次实现长期通货膨胀目标。”可见，世界各国并未找到准确实现通货膨胀目标的有效方法。

正因为各国中央银行意识到通货膨胀目标难以准确实现，试图通过对众多影响通货膨胀的变量的剔除来得到一个较易实现的目标，例如《通货膨胀目标制：国际经验》提到新西兰“通货膨胀目标所依据的价格指数被设计成排除了供给冲击的首轮影响，因此测量的是基底通货膨胀。新西兰统计局公布消费者价格指数，该指数剔除了利率变化对生活成本的首轮影响。这一指数经过新西兰储备银行的进一步修订，剔除了来自贸易条件变动、能源与商品价格变化、政府收费与间接税的变化以及由一些其他有较重影响的价格变化所引起的第一轮冲击”。然而，对消费者而言，承担的并非剔除后的通货膨胀而是总的通货膨胀，且通货膨胀的剔除本身具有人为操作的随意性。实际上，尽管作了多种剔除，通货膨胀目标依然无法得到准确的实现。

《通货膨胀目标制：国际经验》一书总结国际通货膨胀目标制的实施经验，多次阐述了实现通货膨胀目标的不确定性，比如“通货膨胀目标制实施者，对于通货膨胀目标是应达到一个单一的点还是一个可以接受的区间，做出了不同的选择。正如我们看到的一样，区间目标在对经济的冲击做出反应方面允许有灵活性，并反映了实现通货膨胀目标的不确定性。……为了避免这类问题，我们建议采用通货膨胀的点目标。我们完全认识到，通货膨胀的控制本来就是不完美的，而且围绕点目标的不确定性会有不可避免的区间，需要在中央银行的分析中加以承认……”。

除了实现通货膨胀目标的不确定性，对通货膨胀目标的设定本身也具有随意性，尽管人们意识到物价应该稳定，然而，何为价格稳定并无明确的理论指导，因此，通货膨胀目标的设定仅仅是一个经验值。

《通货膨胀目标制：国际经验》一书指出："根据通货膨胀目标声明，瑞典货币政策目标是'从1995年起，把消费者价格指数年增长率控制在2%以内'（Sveriges Riksbank, 1994）。同所有其他采用通货膨胀目标制国家一样，价格稳定的操作性定义是一个高于零的谨慎的通货膨胀率（最初的通货膨胀目标区设定为1%~3%）。由于相关的原因，还没有国家如'价格稳定'字面所要求的那样，把通货膨胀目标区间的中点定为零。即使世界上最坚定地反通货膨胀的中央银行之一——德意志联邦银行选择的年名义通货膨胀目标也为2%（目前为1.5%~2%）。一个根本的原理是考虑到可能出现通货紧缩：通货膨胀的目标取值大于零，为的是降低出现意外通货紧缩的情况。而且经济学家认为（尽管仍存在争议）在通货膨胀处于2%~3%区间时可以实现低通货膨胀的收益，而更低的通货膨胀水平会成为实体经济运行的障碍。有证据表明，像德国银行所做的，通货膨胀大于零（但不能太高）的目标保持一段时间后，并没有造成公众不稳定的通货膨胀预期或中央银行的可信度下降。”

尽管《通货膨胀目标制：国际经验》中对各国通货膨胀目标区通常设定为1%~3%仅为经验数据，尚不能给出合理的解释，但从对各国通货膨胀目标制实施经验的总结中得出结论：略高于零的通货膨胀率是合理的。正因为通货膨胀目标制只给出了目标方向，未给出实现目标的具体操作手段，也未对具体的目标数值进行严格限定，且允许受到特殊冲击情况下对目标数值进行调整，通货膨胀目标制在实际操作中较大的灵活性使得各国央行在实现低通货膨胀目标的过程中积累了很多成功经验。

在本书提出负利率目标制理论前，尽管缺乏强有力的货币政策操作理论依据来实现低利率与低通货膨胀，货币政策操作更多是来源于长期货币政策操作的经验，但货币政策实践经验证明通货膨胀目标制有很多成功经验在一步步地向负利率目标制靠拢。这可以从本书提出的负利率目标制理论得到解释。根据负利率目标制理论，名义利率的降低能降低商品的名义资金成本，因而能降低名义价格，货币政策要实现低通货膨胀，就必须执行低的名义利率。

历史上世界各国通货膨胀目标制的经验值为小幅的正通

货膨胀率，通常在 2%左右，而不是零通货膨胀或负通货膨胀。事实上，如本书负利率目标制理论所提出的，需要一个高于零的通货膨胀率使得实际利率可以弥补储存成本，以尽量保证持有货币与持有货物不存在重大的差异。

我们在本书阐述负利率目标制理论的内在逻辑时就曾指出，储存货物需要付出储存成本，因此，要使持有货币与持有货物之间不存在重大差异，则实物的名义价格需要上升以弥补储存成本，小幅为正的通货膨胀率正好可以弥补储存成本。低于零的通货膨胀率由于不能弥补储存成本，因此会对实体经济运行造成障碍，实体企业生产过程中必然存在大量存货，如果这些存货的储存成本无法得到弥补，企业生产将难以为继。当然，过高的通货膨胀率也是不合理的，过高的通货膨胀率将导致持有货币者的重大损失，从而降低储蓄意愿，使得投资缺乏必要的资金来源。

由于储存成本率的波动，人为限定一个固定的通货膨胀率显然有不合理之处，各国 1%~3%的通货膨胀目标制经验数据常常会受到挑战。《通货膨胀目标制：国际经验》一书也指出："不论何时，要想在特定时间区内实现通货膨胀目标低于现行的通货膨胀水平，消除通货膨胀的特定路径，意味着要对可接受的通货膨胀降低的实际经济成本进行判断……新西兰储备银行一直很痛苦地强调，在短期内实体经济与货币政策之间依然存在着联系，而对反通货膨胀速度的决定是政府的选择（而不是该行的选择）。新西兰储备银行的相关领导层的说法是：从技术水平上来看，实体经济的状态是对任何通货膨胀压力评价的重要因素。更为重要的是，在有些情况下必须要在通货膨胀-实体经济之间进行权衡，特别是对反通货膨胀的速度进行决策时，反通货膨胀的速度过快经证明给实体经济带来的成本太大。严格固守一个窄的通货膨胀目标区可能会导致中央银行的货币政策工具的运动，该运动范围可能超出该中央银行的预想，带来工具以及宏观经济不稳定的可能性。”

通货膨胀目标制应该说是最接近负利率目标制的货币政策，然而，正如本书之前章节所阐述的，最优的名义价格应使持有货币与持有货物之间不存在重大差异，储存物品会发生费用与损失，因此要使持有货币与持有货物之间不存在重大差异，则实物的名义价格需要上升以弥补储存成本。因此，不存在重大异常冲击的情况下，合理的通货膨胀率略高于零。但是，发生重大异常冲击时，储存成本会上升，如遭遇战争、自然灾害时，由于储存货物的毁损较大，储存成本也就较大，此时，高储存成本率必然带来高通货膨胀率，不应由货币政策控制。人为地降低通货膨胀将造成不公平的财富再分配扰乱正常的市场经济秩序，导致高储存成本率无法顺利通过高通货膨胀率转嫁出去，从而导致部分企业的生产经营无法正常进行。高毁损率带来高通货膨胀率，这一点相信读者不难理解，当经济中的产品大幅减少，而居民手中持有的货币并未大幅减少（央行显然不能随意地收回居民手中的货币），单位货币能换取的产品必然减少，即货币相对产品贬值。

尽管通货膨胀目标制存在种种问题，但在反复的摸索实践中部分国家成功地实现了低利率、低通货膨胀，与本书负利率目标制理论有殊途同归之处，这可以从负利率目标制理论得到很好的解释。一方面，名义价格是用货币衡量的实物的价格，货币作为名义价格的衡量尺度如果合理，应保证这个尺度稳定而不是经常发生变化，即保持名义价格的稳定；另一方面，由于储存实物相对储存货币存在较高的储存成本，为了保证货币这个衡量尺度的合理，货币相对实物应适度贬值（也即实物相对货币适度升值或名义价格适度上涨）以弥补实物较高的储存成本。不考虑特殊冲击的影响，最优的货币供给通常会形成略高于零可以弥补实物储存成本的较为稳定的通货膨胀率。这正是通货膨胀目标制的某些实施经验达到了负利率目标制的部分效果的原因，通货膨胀目标制下较低的通货膨胀目标的设置在正常经济环境下大约可以弥补负利率目标制理论下的货物的储存成本率。不过，如前所述，尽管通货膨胀目标制的确带来了某些类似于负利率目标制的效果，但相对于负利率目标制，依然存在众多缺陷。

综上，通货膨胀目标制存在悬而未决的三大难题：①合理的通货膨胀目标究竟是多少，为什么实践经验表明通货膨胀目标大于零通常为1%~3%更利于经济发展？②货币政策如何合理地实现低通货膨胀目标，为什么？③重大冲击下通货膨胀目标无法实现的原因是什么及如何应对？

负利率目标制对这三个问题的解答如下：

第一，合理的通货膨胀目标是使实际利率能弥补存货储存成本的货币贬值目标。因为要使持有货币与持有实物不存在重大差异，货币应适当贬值弥补实物较高的储存成本。由于储存费用通常大于储存孳息导致存货储存净成本通常为正，且储存成本率通常处于略高于零的水平，而现金管理成本通常接近零，因此，弥补储存成本率的通货膨胀率通常为正且为略高于零的低通货膨胀水平。

第二，货币政策为实现低通货膨胀能做的是降低货币政策操作的无风险名义利率，最优状态为降至可弥补现金管理成本的微低于零的负利率水平。因为要使自己持有现金与将现金存放在保管机构不存在重大区别，无风险名义存款利率应为负值，负值用来弥补现金的保管成本。

第三，历史经验表明，总供给冲击、能源价格冲击等重大冲击到来时，通货膨胀会发生货币当局无法控制的波动。对此，负利率目标制理论认为，总供给冲击、能源价格冲击会导致存货储存成本率发生波动，通货膨胀率需要做出调整使得实际利率大约可以弥补存货储存成本率。由于存货储存成本率不由货币政策所控制，因此通货膨胀率不由货币政策所控制。换句话说，货币政策只能通过控制无风险名义资金成本来影响价格，无法控制其他影响价格的因素，因此，当战争、灾难等大规模毁损导致资本损失或能源价格大幅上升等情况发生时，货币当局无法控制价格的波动。

● 货币政策能控制通货膨胀吗

名义价格是以货币表示的实物的价格，因此，讨论价格离不开讨论货币。我们在本书中已经说过，由于人们习惯将通货膨胀解释为过多的货币追逐过少的货物，将控制通货膨胀理解为控制过多的货币，忽视了通货膨胀的另一个面，即过少的货物，导致了加息控制通货膨胀的失败。同样，由于对货币等名义量的过度重视而忽略了产出等实际量，通货膨胀被过度地归咎到货币政策的失败上，这也使得通货膨胀一发生就试图靠货币政策来解决，公众寄托的希望是如此，货币政策执行者的操作也是如此。

然而，货币政策只能通过控制无风险名义利率来影响价格，除此以外，货币政策也无能为力。正因为如此，通货膨胀目标制实施以来从来没有一个国家能准确地实现通货膨胀目标，尤其重大异常冲击发生时。

如本书基于储存成本所提出的负利率目标制理论所阐述的，储存货物会发生储存成本，无风险实际利率应为负值以弥补储存成本，倘若设定无风险名义利率为零或可弥补现金管理成本的略低于零的水平，通货膨胀会自动做出调整使得通货膨胀率大约等于货物储存成本率，在遭遇重大异常冲击时，经济中的储存成本率会提高，通货膨胀率也会提高。

不当的货币政策无疑会扩大通货膨胀，但并非像大众所认识的一样，加息减少货币就能降低通货膨胀，降息增加货币就会导致通货膨胀。如本书所一贯强调的，最优的货币供给是最适应货币需求的货币供给，而不是人为凭空地决定增加或减少货币供给。

通货膨胀不完全由货币政策决定，但不当的货币政策的确会导致不合理的通货膨胀水平。例如人为加息提高名义利率时，资金成本需要向消费者转嫁，只能提高通货膨胀；例如央行通过资产购买等行动向市场投放大量基础货币，人为提高了资产价格等。除了货币政策对通货膨胀水平的影响，重大异常冲击、财经纪律不严、金融市场不完善等均会导致通货膨胀的提高，但这些都不是货币政策能控制的。此外，实体经济中的损失或价格冲击会提高储存成本，货币政策无法控制实体经济中的储存成本。

【重要结论】

1. 由于对货币等名义量的过度重视而忽略了产出等实际量，通货膨胀被过度地归咎到货币政策的失败上，这也使得通货膨胀一发生就试图靠货币政策来解决，导致了货币政策的不当执行。

2. 货币政策只能通过控制无风险名义利率影响名义资金成本进而影响名义价格，除此以外，货币政策也无能为力。正因为如此，通货膨胀目标制实施以来从来没有一个国家能准确地实现通货膨胀目标，尤其重大异常冲击发生时。

• 不合理的价格会有哪些影响

过高的频繁定价成本无疑是非最优价格显而易见的问题，然而，非最优价格的影响远不止于此。在货币长期的使用经验中，市场越来越意识到，储存物品的过去价格与现在的价格如果发生大幅波动，就造成了持有货币与持有实物者之间的财富再分配。如果名义价格大幅下行，则对持有实物的人不利，如果名义价格大幅上行，则对持有货币的人不利，这种财富再分配人为导致资源重新配置，打乱供需结构造成结构失衡，这显然会使全社会造成混乱。同时每个人都要花费时间成本去考虑持有实物还是持有货币的问题，无法专注于生产性劳动，大大降低生产效率。最终，货币政策目标越来越倾向于物价稳定。

米尔顿·弗里德曼在《最优货币量》一书中指出："一般说来，在一个经济周期的扩张期内，价格将会上升；而在收缩期内，价格将会下降。在经济周期内，产量与价格趋于一致变动——两者都是在扩张期内趋于上升，而在收缩期内趋于下降。价格变动和产量变动两者都是周期的一部分，而且任何可能促进显著扩张的因素，包括货币变动在内，都可能促进这两者大幅度上升；反之亦然。在长时期中，一国的产出变动首先取决于可得资源、该国的工业组织、知识与技术的增长、人口增长、资本积累等一些基本要素，在这个舞台上货币与价格作为配角发挥作用。在货币存量及价格变动影响问题上，一种广为人知并且少有疑义的主张是价格方面的大幅度的突然变动不利于产量的增长，无论价格的这些变动是上升还是下降。就一个极端来说，恶性通货膨胀期间所发生的价格上涨，严重地妨碍了资源的有效使用。而在另一个极端的情况下，如 1920—1921 年及 1929—1933 年所发生的价格骤减，无疑也造成了普遍而巨大的资源浪费。只要在价格变动相对稳定，规模适度，且可以被合理地预期的情况下，价格的上涨或下降都会与快速的经济增长相一致。虽然经济增长的主要动力理论上是其他因素，但是在价格方向上的不可预测和反复无常的波动显然会干扰经济增长与经济稳定。”

尽管人们已经广泛意识到了物价稳定的好处，大部分发达国家已将货币政策目标定位为物价稳定目标，这一定位带来了货币政策史上的重大进步，然而，货币政策的发展并未达到最优，依然存在很大的改进空间。在负利率目标制理论提出以前，对于物价稳定的合理定义以及如何实现物价稳定依然缺乏完善的理论支持与实践指导。

本书提出的负利率目标制理论认为，最优名义价格应使得货币相对实物贬值的损失大约相当于货物储存成本超过现金管理成本的部分，货币当局应控制无风险名义利率弥补现金管理成本，形成最优名义利率，使得最优实际利率自动弥补储存成本率。除了控制无风险名义利率达到最优，货币当局不应干扰市场价格的正常波动。货币当局不当的货币政策转变将使得名义利率大大偏离最优利率，从而导致名义价格不当波动，货币政策转变越急剧，实体经济越无法及时做出调整，尽管长期看价格会根据货币政策利率的变化做出调整，将名义资金成本的变动转嫁给消费者，但短期看，会形成实际利率与储存成本率的重大偏离，从而严重干扰实体经济的运行。

【重要结论】

1. 名义价格不当波动形成的财富再分配人为导致资源重新配置，打乱供需结构造成结构失衡，这显然会使全社会造成混乱，同时每个人都要花费时间成本去考虑持有实物还是持有货币的问题，无法专注于生产性劳动，大大降低生产效率。

2. 货币当局不当的货币政策转变将使得名义利率大大偏离最优利率，从而导致名义价格不当波动，货币政策转变越急剧，实体经济越无法及时做出调整，这会造成实际利率与储存成本率的重大偏离，从而严重干扰实体经济的运行。

四　什么是合理的货币供给量

• 需求尤其是终端需求的领先性能告诉我们什么

关于需求领先供给的理论，笔者在《魔法村庄》一书中做过详细分析，为了便于读者对本书货币需求领先货币供给观点的理解，笔者在这里再简要总结和阐述一下该理论。

笔者在《魔法村庄》一书中指出："需求领先供给的规律是市场经济运行的基本规律，不因任何外部环境的变化而转移，众多经济问题的产生均是因为违背了这一规律。企业发展不应违背经济规律，经济政策也不应违背经济规律，投资同样如此，违背经济规律的发展会带来更多的过剩、更大的闲置、更低的效率，违背经济规律的投资将承担更大的风险。使供给适应需求，是企业发展的核心，也应是经济政策的核心。从企业的角度看，供给最大限度地适应了需求，企业就能实现自身利润的最大化，因为有需求的产品才能销售出去，能生产出适应需求的产品才能有产品可卖并且从中获利。从宏观经济看，供给最大限度地适应了需求，意味着全社会成员的需求得到了最大限度的满足。"

需求领先于供给表现在任一经济领域，产品需求领先于产品供给、产能需求领先于产能供给、劳动力需求领先于劳动力供给、制度需求领先于制度供给、货币需求领先于货币供给、外汇需求领先于外汇供给。

先谈产品需求领先产品供给。两个因素导致了产品会过剩：一个因素是经济的周期性，即需求会发生波动；另一个因素是供给相对需求滞后，供给需要根据需求的变化来决定自身的变化，需求减速，供给不能及时减速，从而导致了产品过剩。因此，产品的严重过剩通常在需求从上升转为下降后紧跟着发生。即使不考虑政策及其他外部因素的干预，市场机制调整产品供求也会出现产品过剩的情况，只是产品过剩的严重程度不同。资本是逐利的，任何理性的人都在企图追逐到更多的利润。因此，资本的逐利性，使得企业被迫生产符合市场需求的产品，而不是全凭自己的兴趣，因为有需求的地方才有逐利的空间。而企业根据市场需求安排生产使得供给相对需求滞后。需求增加，供给随之增加；而在市场需求不足、产品滞销环境下，企业也不会自顾自地不停生产，需求减少，供给随之减少。企业需要生产市场有需求的产品，而对需求的判断往往基于当前可以取得的市场数据信息。企业根据当前市场需求来判断未来供给必然存在生产的滞后性，从而导致了供给追逐着需求时而超过需求、时而低于需求。供给滞后于需求导致结构失衡，使得一种需求的供给尚未产生时，另一种供给却已超过了有购买力的需求。由于供给的滞后性，某种产品的需求由上升转为下降时，该种产品的供给还在继续上升，因而供给超过需求。同样因为供给的滞后性，某种产品的需求产生时，该种产品尚未开发出来、尚未来得及生产或者生产量不足以满足需求。企业只有将生产的产品销售出去才能获得收入，同时，只有当这种产品符合消费者的需求这种产品才能销售出去。因此，企业需要不断调整生产使产品符合市场需要，只有产品符合市场需要了，企业才能盈利。

要特别强调的是，需求领先于供给，而终端需求才是最领先的和最终的需求。尽管通货膨胀目标制没有合理的理论解释为什么要选择消费者价格指数（Consumer Price Index，简称 CPI）作为衡量通货膨胀目标的标准，而不是采用生产价格指数（Producer Price Index，简称 PPI）或工业企业原料、燃料、动力购进价格指数（Purchasing Price Index of Raw Material，Fuel and Power，简称 PPIRM）等，但世界各国通货膨胀目标制的成功经验均表明通货膨胀目标制采取的通货膨胀目标是CPI目标。消费品才是最终被消费并影响人们生活水平的，中间品最终需要将成本加在消费品上并通过消费品价格的提高转嫁给消费者。

产能需求领先于产能供给，使得需求下降供给来不及下降，导致产能过剩或产能供需结构失衡。产品需求的变化引导产品供给的变化，进一步引导产品产能的调整。创新可能导致产能上升领先于产品上升，但并不违背需求领先供给的规律，这一点前文已经解释过。当现有产能不足以生产出足够的产品满足市场所需，那么就必须扩充新的产能。然而，正如笔者一贯所强调的，供给滞后于需求。资本从进入到取得回报有较长的一段时间，包括固定资产等的购建活动、材料的采购与产品的生产、市场开发与产品的销售及销售回款等需要耗费的时间。工厂的建设往往需要几年的时间，设备的购买调试到运行也常常需要几个月时间，在工厂建成投产之前，就可能面临市场供需环境变化的风险，需求很可能下行，其他供给者可能同时进入，很可能形成产能的过剩。市场供需环境的变化通常包括其他竞争者的进入、需求的变化、技术的进步、消费习惯的改变等。市场供需环境一旦变化，建成投产的工厂可能被闲置或废弃，这种闲置或废弃的损失是全社会资本、土地或劳动力等资源的浪费。因为已经发生的资本、土地、劳动力成本不可逆转，闲置的设备即使不用也会发生损耗。

劳动力供给滞后于劳动力需求导致劳动力失业。从劳动力的需求看，资本的逐利性使得资本流向权益净利率高的行业和企业，导致权益净利率高的行业和企业加快规模扩张速度，支付更有竞争性的工资吸引劳动力的进入。劳动力同样在追逐更高的工资水平，劳动力的逐利过程表现为向薪资较高行业的相对流动，这种流动也包括对为满足薪资较高行业用工标准而进行的接受教育与培训过程，以及因此而导致的教育与培训机构所传授的内容根据需求变化而进行的调整。劳动力的供给相对需求滞后，这种滞后不仅包括人口增减的限制，还包括教育与技能培训的滞后。一项新的技术研究出来到使劳动者掌握需要时间，具有创新能力和掌握前沿技术的劳动力始终是不足的，除部分危险性大或不够体面的工作使得劳动者不愿意参与，传统、成熟产业的劳动力通常是过剩的。当某个行业扩张过快时，使得该行业的劳动力不足，只能提升工资以吸引更多人员加入，并且，可能不得不补充技能较差的劳动者来满足所需；而当这个行业扩张过快导致过剩时，行业收缩会导致掌握该行业技术的劳动者失业，不得不转而学习其他行业的技术，但这种学习需要时间。即使不考虑劳动力掌握技术知识所需要的时间，劳动力也是流动性较差的资源。工作岗位通常需要有一定的稳定性，因为即使具有同等的技能，新雇佣的劳动力都需要一定的了解适应公司文化的时间，况且劳动法规等制约着劳动力的流动，劳动合同有一定的期限不能随意变更。另外，企业从培养长期稳定的员工队伍的角度考虑，即使社会上有更适合某个岗位的人，企业也不会因此而更换现任岗位上稍逊一筹的员工，因此，劳动力很难像一般产品一样以较好的流动性尽快实现供需的最佳搭配。

使供给与需求以最快的速度相互找到，并使供给最大限度地适应需求，是降低结构失衡损失的关键。政策是一种制度的供给，如笔者一贯所强调的，供给滞后于需求，因此，政策也滞后。政策的滞后导致政府对经济的干预滞后，从而扩大经济的波动。政策的导向会造成部分资金配置跟随政策而偏离基本面，因而降低资本使用效率、加大结构失衡损失。本书重点讨论货币供给，而货币供给相对于货币需求同样具有滞后性，因而，人为使用过紧、过松的货币政策均不利于经济的合理增长。因此，使货币供给适应货币需求是货币政策的关键。

对于产品供需、产能供需、劳动力供需，政府无须过多干预，市场机制会自动调整，使得结构失衡损失降到最低。而对于货币政策，由于货币的供给离不开货币当局的干预行为，因此，无法依赖市场机制完成供需调整，只能通过合理的货币政策使货币供给最能适应货币需求，将结构失衡损失降到最低。

【重要结论】

1. 使供给与需求以最快的速度相互找到，并使供给最大限度地适应需求，是降低结构失衡损失的关键。而货币供给相对于货币需求同样具有滞后性，因而，人为使用过紧、过松的货币政策均不利于经济的健康发展，使货币供给适应货币需求是货币政策的关键。

2. 不同于产品供需、产能供需、劳动力供需可以由市场机制自动做出调整，货币的供给离不开货币当局的干预行为，因此，无法依赖市场机制完成供需调整，只能通过合理的货币政策使货币供给最能适应货币需求。不考虑货币政策以外的因素，货币供给最适应货币需求时产出、就业也就能达到最优。

• 合理的货币供给量应该是多少

货币供给何为多、何为少始终没有合理的定论，这就导致货币供给的人为因素很大。亨利·桑顿在《大不列颠票据信用的性质和作用的探讨》一书中对信用与货币理论进行了深入的分析，拉斯·特维德在《逃不开的经济周期》一书中探讨桑顿的重要研究观点时提到："每一次货币供给的增加，在后来似乎都被证明是合理的，只要之后的经济活动能够随之增长，直至达到充分就业的水平。问题的关键也就在这里，这种情况会导致中央银行在对危险毫无察觉之时过多地增加货币供给，而当它察觉的时候，已经太迟了。"

由于不知道什么是合理的货币供给，央行既给不出合理的货币供给量，又制定不了合理的货币供给制度，这使得货币政策不能发挥最高的效率。尽管货币政策在发展过程中不断进步，但依然存在众多缺陷，货币数量论、通货膨胀目标制等尽管为货币政策的发展做出了重要贡献，但其存在的问题本书也已详细阐述过。

四　什么是合理的货币供给量

究竟什么样的货币供给量为最优货币供给量呢？负利率目标制理论认为，最适应货币需求的货币供给量为最优货币供给量。笔者曾在《魔法村庄》一书中指出，需求领先供给是无法否认的市场经济规律，在产品市场上，企业根据观察到的市场需求进行产品生产，通过最大限度地生产满足市场需求的产品来获取盈利，在政策市场上，政策作为一种制度的供给滞后于政策的需求，同样，货币作为政策的一种其供给滞后于货币需求。尽管产品市场供给的滞后会导致产品短期的供给过剩或不足，但长期看，市场机制能很好地做出调整，使供给紧追着需求。货币供给不同于一般的产品供给，货币供给量有很大的人为因素，货币仅仅作为衡量尺度，货币的价格与生产货币的劳动量没有关系，与自身的使用价值没有关系，倘若不加以约束，货币当局可以无限量地加印货币。货币需求也不同于一般的产品需求，倘若不加以约束，人们可以无限量地要求取得货币。然而，有一点是相同的，最优的产品供给是最大限度地满足产品需求的供给，最优的货币供给是最大限度地满足货币需求的供给，加以约束的是这里的产品需求是有购买力的产品需求，这里的货币需求是有支付能力的货币需求。

货币供给滞后于货币需求，中央银行无法准确预测货币需求，因此，也就无法给出准确的货币供给量满足货币需求。最优的货币供给是最大限度地满足货币需求的供给，中央银行只需按有支付能力的市场需求供给货币，就能保证货币供给量的合理，而不必进行过多的人为干预。

【重要结论】

最优的货币供给是最大限度地满足货币需求的供给，加以约束的是这里的货币需求是有支付能力的货币需求。中央银行只需按有支付能力的市场需求供给货币，就能保证货币供给量的合理，而不必进行过多的人为干预。

• 货币政策究竟应该达到什么样的目标

伯南克等人所著《通货膨胀目标制：国际经验》一书中指出："对很多经济学家和决策者而言，有管理的积极货币和财政政策似乎在任何时候都可以用来维持就业的最大化。这一美好的结果并未显示。经济周期在20世纪60年代并没有像较为乐观的行动主义政策的支持者所预测的那样静悄悄地结束。事实上，1973—1974年和1981—1982年的经济衰退是第二次世界大战后最严重的，通货膨胀也并未消失。在美国和很多其他国家，20世纪60—70年代的行动主义货币政策不仅没有带来其所保证的好处，反而助长了通货膨胀压力的产生，这种压力只能在付出高昂的经济成本后才会减缓。"

货币政策的目标包括最终目标、中介目标和操作目标。这里讨论的是最终目标。传统货币政策理论认为，中央银行货币政策的实施，经过一定的传导过程，影响一国经济的实际领域，达到既定的目标，这就是货币政策的目标，又称货币政策的最终目标。货币政策的目标一般可概括为稳定物价、充分就业、经济增长、国际收支平衡、金融稳定等。在本书提出的负利率目标制理论下，货币政策的目标不是人为干预实体经济去达到某种目标，而是将货币的供给对实体经济的干扰降到最低，使实体经济能沿着自身的轨道发展。货币政策以满足货币需求为目标，不再是通货膨胀目标制下的物价稳定目标，更不会担任充分就业、经济增长等重任。

如前所述，最优的货币供给量是最大限度地满足有支付能力的货币需求的供给量，因此，在本书提出的负利率目标制理论下，货币政策的目标是使货币供给满足货币需求。

既然货币供给的目标是满足货币需求，那么，货币需求又是多少呢？前文已经说过，需求领先于供给，货币需求是领先的，我们难以事先做出准确预测。

凯恩斯在《就业、利息和货币通论》中指出："货币资金需求由流动性偏好决定。流动性偏好是一种潜在的可能性或一种函数关系，当利息率为已知时，它决定着公众所愿意持有的货币量。流动性偏好的理由可以划分为交易动机、谨慎动机和投机动机。交易动机，即需要现金，以便个人或业务上进行当前交易之用。谨慎动机，也称预防动机，即希望保证有一部分资产与未来的现金等价。由于这种动机所持有的货币，是为了防止意外的支出或遇到偶然有利的购买机会。投机动机，指置存现金用于不寻常的购买机会，即认为自己比市场中一般人对未来所要发生的一切知道得更清楚，并想从中牟利。”

货币需求的难以预测性显而易见，我们无法提前知道货币需求者出于何种动机取得货币，取得的量又是多少。既然无法统计出货币需求的具体金额，又如何能使货币供给最大限度地满足货币需求呢？这就需要我们在后文进一步提出最优的货币政策操作。

【重要结论】

最优货币政策目标是使货币供给满足货币需求，货币需求的数量难以具体预测，因此，不应制定具体的货币供给量来满足货币需求，而应通过合理的货币政策工具及操作实现货币供给最大限度适应货币需求。

• 货币政策目标该如何实现

传统教科书对于货币政策中介目标的解释如下：“中央银行在执行货币政策时，用货币政策工具首先影响利率或货币供给量等货币变量。通过这些变量的变动，中央银行的政策工具间接地影响产出、就业、物价和国际收支等最终目标变量。因此，利率或货币供给量等货币变量被称为货币政策中介目标。”

负利率目标制理论认为，货币政策的目标是使货币供给满足货币需求。要使货币供给满足货币需求必须通过达成特定的中介目标来实现。然而，我们在之前的章节中已经分析过，货币需求量难以预测，沿用凯恩斯在《就业、利息和货币通论》中提出的理论，货币的需求包括交易动机、谨慎动机、投机动机的需求，充分考虑到这些需求的变化才能合理安排货币供应量的变化。由于谨慎动机、投机动机的需求较难预测，所以货币供应量调控的难度上升。况且，就像对于产品需求的预测存在困难，即使仅仅是交易动机的资金需求，也无法做到准确预测。

受 MV=PY 的经典理论影响，传统的货币供给量调控主要考虑产出，即交易动机的货币需求，这导致货币供给与货币需求的不相适应。由于未充分考虑到三种动机（交易动机、谨慎动机、投机动机）的货币需求，片面重视产出变化对货币需求的影响，导致了根据产出增长率安排货币供给量增长率的货币供给量调控措施失败。因此，尽管本书提出的负利率目标制理论认为，最优的货币供给量是最适应货币需求的供给量，但货币需求量较难衡量，无法给出具体的货币供给量以适应货币需求，以货币供给量为中介目标难以达到最优货币供给。从历史数据看，以低通货膨胀、低无风险名义利率取得经济良好运行的国家，无不表现出货币供给量变化与产出变化的相关性越来越不重要，货币供给量大幅波动或大大偏离产出，并未对产出造成明显的可观察的不利影响，也并未带来通货膨胀的大幅波动或推升通货膨胀至高位。

以美国为例，1984 年以前，货币供应量增速与经济增速表现出很大的正相关性，然而 1970—1981 年名义利率与 CPI 背离经济增速而行并出现高通货膨胀。1984 年以后，美国货币供应量增速与经济增速走向基本相反，货币供应量增速波动幅度远超工业生产指数的波动幅度，但并没有发生严重的通货膨胀，相反逐步稳定至低通货膨胀低利率水平，而名义利率、CPI与经济增速同向波动。货币供给量变化与工业生产指数的变化高度正相关的俄罗斯，却常常遭遇高名义利率与高通货膨胀的困扰。

由于利率是交易动机、谨慎动机、投机动机需求等共同作用的结果，因此，利率的综合性更强。实施通货膨胀目标制的国家，其货币政策中介目标是利率调控而非货币供给量调控。美国20世纪80年代后货币政策从货币增长目标制转向利率目标制，货币供给更好地适应了货币需求。我们在最优利率分析中已提出最优无风险名义利率的概念，形成最优无风险名义利率的货币供给量为最优的货币供给量，相对于货币供给量调控，利率调控更有据可依。

1982年美联储宣布不再特别强调实行货币增长目标制，转而更重视利率目标制。1994年美联储主席格林斯潘指出，美联储将放弃以货币供应量的增减对经济实行宏观调控的做法，今后将以调控实际利率作为经济调控的主要手段。威廉·西尔伯在《力挽狂澜——保罗·沃尔克和他改变的金融世界》一书中这样写道：“对货币需求稳定性的担忧促使美联储不再盯住货币总量指标，但沃尔克希望把政策变化的影响降到最低。在 1979 年 10 月至 1982 年 10 月期间，沃尔克把盯住货币总量作为联邦公开市场委员会的决策指南，因为货币总量关乎遏制通货膨胀预期的信誉问题。但在此之前，他实际上是用一只眼睛盯住利率，另一只眼睛盯住货币供应量，且必要时以货币供应量为主。当通货膨胀已经得到控制，且货币供应量统计数据的问题又很多，沃尔克可以回归‘常态’了，也就是说更密切地关注利率水平。既然沃尔克已经不再需要货币总量这根拐棍来支撑信誉度，也就没必要再突出强调货币供应量了。”

我们可以看到从货币增长目标制转向利率目标制后美国货币供应量的变化与经济增速变化的关系发生了显著的变化，20 世纪 80 年代以前货币供应量的变化与经济增速的变化基本同向，20 世纪 80 年代后，货币供应量的变化与经济增速的变化基本反向。此外，20 世纪 80 年代以前，利率与 CPI 高度相关并大幅波动，与经济增速变化甚至呈现出较大的反向关系。20 世纪 80 年代以后，利率与 CPI 降至低位且波动幅度显著下降，与经济增速基本同向。显然，20 世纪 80 年代以后的货币供应量是更适应货币需求的货币供应量。

美国货币供应量变化与经济增速变化呈反向关系却更适应货币需求，似乎不太好理解。实际上，货币的需求包括交易动机、谨慎动机、投机动机的需求。随经济增速变化的货币供应量主要反映交易动机的需求变化，而美元作为世界避险货币，世界经济下行时，大量资金流入美国避险，这使得对美元的需求量变化与经济增速变化是呈反向关系的。而20世纪80年代以前采取的货币增长目标制使得货币供应量的变化与经济增速的变化方向一致，未能对冲避险资金等的流动，货币供应量与货币需求量呈反向关系变化，加大了经济波动，造成了利率与CPI的大幅波动。由于利率是交易动机、谨慎动机、投机动机的需求共同作用的结果，因此，20世纪80年代以后的利率目标制的实施使得货币供应量兼顾了交易动机、谨慎动机、投机动机的需求，货币供应量与经济增速变化呈反向关系，却更适应货币需求。

货币政策中介目标的发展经历了曲折的历程，弗里德曼的现代货币数量论并不能在现实检验中站住脚，央行给不出合理的货币供给量目标并且控制不了给定的货币供给量目标，使用货币供给量目标实现不了稳定的通货膨胀，时至今日，依然有很多国家采用货币供给量作为货币政策中介目标。已放弃货币供给量目标并启用利率目标的国家，央行给不出合理的利率目标并且利率目标仅作为用来实现物价稳定等最终目标的中介目标，最终目标尚存在不合理之处。负利率目标制理论认为，央行应采用最优无风险名义利率，在此利率下，按市场需求供给货币，实现货币供给适应货币需求的最终目标。

【重要结论】

1. 货币政策的最终目标是使货币供给满足货币需求，由于货币需求无法准确预测，以货币供给量为中介目标难以达到最优货币供给。

2. 货币政策只能控制经济中的名义量，无法控制经济中的实际量，经济中的实际量由实体经济运行状况决定。

3. 货币政策只能控制经济中的无风险利率，无法控制风险利率，风险水平与风险偏好受实体经济运行状况与资金需求者的风险判断、心理因素等影响。

4. 最优的货币政策中介目标为无风险名义利率目标，通过控制无风险名义利率目标实现最优的无风险名义利率达到最优货币供给。

• 实现货币政策目标的货币政策工具有哪些

货币供给与货币需求的适应不仅包括量的适应，还包括供给措施即供给政策工具与操作方法的适应。最优的货币政策工具应保障货币的供给过程以公开公平的方式进行，不应使货币供给过程形成人为的财富再分配。此外，货币供给要适应货币需求，就要保证货币需求者随时可以通过合适的货币政策工具存取或借贷相应的货币，提高货币供求过程的效率。当然，由于中央银行供给的货币为无风险货币，因此，贷出货币应获得充分担保，即保证满足的货币需求为有支付能力的货币需求。在获得充分担保的情况下，中央银行不应拒绝货币的供给。

目前，美联储使用的主要的货币政策工具包括公开市场操作、贴现率、法定准备金、法定准备金与超额准备金利率、隔夜反向回购协议、定期存款工具等。我国使用的主要的货币政策工具有公开市场操作、存款准备金政策与制度、中央银行贷款、利率政策、常备借贷便利、中期借贷便利、抵押补充贷款等。无论政策工具叫什么名称，操作过程的公开公平最重要。

我国货币政策承担了较多“产出”“就业”等方面的责任，因此，我国有较多针对不同领域、产业的货币政策工具，例如抵押补充贷款。为支持国家开发银行加大对“棚户区改造”重点项目的信贷支持力度，2014 年 4 月，中国人民银行创设抵押补充贷款（Pledged Supplemental Lending，简称 PSL）为开发性金融支持棚改提供长期稳定、成本适当的资金来源。抵押补充贷款的主要功能是支持国民经济重点领域、薄弱环节和社会事业发展而对金融机构提供的期限较长的大额融资。抵押补充贷款采取质押方式发放，合格抵押品包括高等级债券资产和优质信贷资产。

【重要结论】

1. 最优货币政策工具应保障货币的供给过程以公开公平的方式进行，不应使货币供给过程形成人为的财富再分配。

2. 货币供给要适应货币需求，就要保证货币需求者随时可以通过合适的货币政策工具存取或借贷相应的货币，提高货币供求过程的效率。

• 负利率目标制的完美接近者：2008 年金融危机后美联储的零利率目标

即使拥有了最优的货币政策工具，对这些工具的操作同样会影响到货币政策的效果。我们无法准确地得知具体的货币需求量是多少，因此，也无法以具体的货币供给量去满足需求，但我们可以通过控制货币供给进入经济的程序来达到以供给满足需求的目的。要使货币供给满足货币需求，只需要保证货币供给在实现中介目标的前提下将货币公平地准确无误地提供给真实有效的需求者，且保证支付出去的货币不存在违约风险即可。

货币当局向经济中注入货币，如何保证注入的货币最大限度地满足了货币需求，而且是有支付能力的货币需求呢？

首先，货币当局作为货币管理机构必然发生货币的管理成本，因此，为了保证货币需求方提交的是真实有效的货币需求，货币政策供给货币的利息率应比市场利息率高，高出的幅度用来弥补货币当局供给货币时产生的成本或手续费，这也保证了货币需求方愿意支付管理成本或手续费取得货币，而不会在市场上存在套利机会。

其次，货币当局的货币供给行为不同于市场投资行为，不能承担市场风险，因此，提供的货币应是无风险货币，取得无风险名义贷款利率或收取货币提供过程产生的手续费，同时要求货币需求方提交的货币需求是有支付能力的货币需求，避免没有偿还能力的货币需求者恶意取得资金，扩大经济中的风险，为保证这一点，货币需求方在向货币当局取得货币时应提供全额担保。

最后，如本书论述最优无风险名义利率时所阐述过的，无风险名义利率如果合理，应保证自己持有现金与存放在保管机构不存在重大区别，因此，最优无风险名义存款利率应为负值，负值用以弥补存入现金的保管成本；最优无风险名义贷款利率应为正值，正值用以弥补贷出现金的管理成本。最后一条实际上包括了前两条的内容。当然，货币政策操作必须做到公开公平，公开公平适用于所有政策领域。

从国际货币政策操作经验看，美联储的现行货币政策操作基本满足了以上条件。在成功的货币政策操作下，美国实现了零无风险名义利率下的低通货膨胀环境，零利率已接近负利率目标制环境下微低于零的负利率。

美联储关于公开市场操作的政策描述中指出，自2008年末美国联邦公开市场委员会将联邦基金利率设定为接近零的目标范围。

美联储关于贴现率的政策描述中指出，一级信贷利率设置高于通常水平的短期市场利率。同时指出，所有贴现窗口贷款都担保充分。

美联储关于法定准备金与超额准备金利率的政策描述中指出，通过调整超额准备金利率调整联邦基金利率到目标范围。

美联储关于隔夜回购的政策描述中指出，使用隔夜逆回购作为补充工具帮助控制联邦基金利率保持在联邦公开市场委员会设定的目标范围。

笔者在前文中指出，最优货币政策操作应满足的条件之一是货币政策供给货币的利息率应比市场利息率高，高出的幅度用来弥补中央银行的供给货币时所产生的成本或手续费，也即使用最优无风险名义贷款利率向市场提供货币。从美联储的贴现率政策规定一级信贷利率设置高于通常水平的短期市场利率可以看到，美联储是遵循这一规则的，美联储需要收取一定手续费用以弥补实施贷款操作时产生的人力、系统、设施等成本，手续费率的设置也使得存款机构仅在迫切需要货币时才向美联储贴现，而不会存在市场套利机会。

笔者在前文中指出，最优货币政策操作应满足的条件之二是货币政策供给的货币为无风险货币，应取得货币需求者的全额担保。从美联储的贴现率政策规定所有贴现窗口贷款都担保充分可以看到，美联储同样是遵循这一规则的。

前文中指出，最优货币政策操作应满足的条件之三是最优货币政策操作的利率目标为最优无风险名义利率。货币政策能操作的是名义利率而非实际利率。对于货币政策操作的名义利率，尽管美联储没有将其设定为负利率，但已将其设定为接近零的目标范围。公开市场操作的目标利率是货币政策或政府的债务利率，即无风险名义存款利率而非贷款利率。本书前文已经说过，保管现金需要付出保管成本，因此无风险名义利率应为负值以弥补保管成本。现金的保管成本相对于现金总量而言通常是一个接近零的极低的比例，而这个比例中央银行可以通过核算自身真实发生的保管成本计算出来。美联储接近零的无风险名义利率目标与负利率目标制的目标已经非常趋同。

本书多次提到，最优的无风险活期储蓄的实际利率应为负值，负值用以弥补货物储存成本。在实施通货膨胀目标制维持低通货膨胀率时，通货膨胀率大约为货物储存成本，无风险活期储蓄名义利率接近零；反之，在不受到重大非正常冲击及财政支出合理适度的情况下，设定无风险活期储蓄的名义利率为零时，通货膨胀率自动调整到能弥补货物储存成本的低通货膨胀水平。2008 年后，美国联邦公开市场委员会设定联邦基金目标利率为接近零的利率，通过公开市场操作实现。2014 年货币政策正常化后，使用准备金利率、隔夜回购等的政策目标均为使联邦基金目标利率保持在接近零的范围。2008 年后，美国实行了一系列货币宽松政策，将目标利率下降到接近零的水平，基础货币投放量大幅增长，而在此期间，美国并未出现严重的通货膨胀，主要是由于低名义货币政策利率导致了低的通货膨胀率。

【重要结论】

最优货币政策操作应满足以下条件：①货币政策供给货币的利息率应比市场利息率高，高出的幅度用来弥补中央银行供给货币时所产生的成本或手续费；②货币政策供给的货币为无风险货币，应取得货币需求者的全额担保；③最优货币政策操作的利率目标为最优无风险名义利率。

• 合理的货币供给与合理的价格之间有着怎样的关系

货币不仅仅代表货币本身，更重要的是代表着用货币交换的商品的名义价格，因此，理论上，货币供给如果合理，价格就应合理。不过，价格不全由货币供给决定，央行的货币政策只能决定货币供给能影响的那部分价格，受市场货币使用行为以及货物储存成本等影响的价格波动并非货币供给能决定的。这里仅仅考虑货币政策可以决定的那一部分，不考虑货币供给以外的因素，合理的货币供给形成合理的价格。

货币供求不仅仅反映货币自身的供求关系，更重要的是反映用货币可以购买到的产品的供求关系，产品的供求由市场决定，货币的供求也应由市场决定，但货币不同于一般产品，可通过市场供求自行完成调整，货币供给受货币当局影响，货币当局提供多少货币、如何提供均取决于货币当局决策者的人为决策，决策是否合理影响着货币供给是否合理。

货币供给包括供给量与供给措施，合理的货币供给包括供给量与供给措施的合理，供给措施的合理是保证供给量合理的必要条件。笔者一直强调需求领先于供给、供给应最大限度适应需求的思想。货币的供给同样如此，货币的供给量应最大限度与货币需求量相适应，最适应货币需求的货币供给为最优货币供给。由于货币需求量无法准确预测，因此，货币供给量无法事先给定，需要通过合理的货币供给措施，保证货币供给量的合理，即保证货币供给能适应货币需求。

货币供给如果合理，不考虑货币供给以外的因素，价格就能达到合理。货币供给如果合理，应不干扰实体经济的正常运行，货币供求的利率应反映资本供求的利率。不过，影响利率的因素众多，并非完全由货币政策控制，货币政策除了能决定由国家信用保证的无风险利率外，无法决定其他个人或团体的风险溢价。货币当局设定最优的无风险名义利率后，风险溢价应由市场决定，货币当局以最优无风险名义利率按市场需要供给货币。除了最优无风险名义利率下按市场需求提供的货币，货币当局需要避免货币以其他非公平的形式进入流通，上述两个条件同时成立时形成最优货币供给。

我们在最优利率与最优价格的分析中指出，储存货物需要我们多付出一些劳动，承担储存货物的减值损失以及储备过程中的保管费用，长期看无风险储蓄的实际利率应为负值。不考虑非正常冲击，在设定无风险名义利率弥补现金管理成本的情况下，通货膨胀率会自动调整，使得实际利率大约等于货物储存成本率。也就是说，不考虑利率以外的其他因素，在最优利率环境下，价格会自动调整达到最优。

不同经济环境下的储存成本会存在差异，尤其重大异常冲击到来时，可能形成大的存货毁损提高储存成本，此时，能弥补储存成本的较高的名义价格上升幅度或货币贬值幅度才是合理的，即高毁损率本应带来高通货膨胀率，倘若货币当局试图大幅调整货币供给强行使通货膨胀接近低通货膨胀目标，这就意味着必然造成不公平的财富再分配，破坏实体经济本来的平衡关系。价格不全受货币政策控制，实体经济中的储存成本、货币使用者的货币使用行为等都会引起价格水平的变化，货币政策仅仅应该考虑货币政策可以做的事。

【重要结论】

1. 最优的名义价格应使持有货币与持有货物之间不存在重大差异，储存物品会发生费用与损失，因此要使持有货币与持有货物之间不存在重大差异，则实物的名义价格需要上升以弥补货物相对货币较高的储存成本。储存成本由实体经济的运行决定，并非单纯由货币可以决定的，货币政策只能控制货币供给达到最优以此促进价格达到最优，而不应控制价格。不考虑货币供给以外的影响因素，货币供给达到最优时必然形成最优的价格。

2. 最优货币供给量的多少由货币需求量决定，货币需求量无法准确统计，因此，货币政策应控制的是最优利率而不是货币供给量，货币当局通过最优利率向经济中注入最优货币量，此外，货币当局不应以非公平的方式加印货币进入流通。名义价格以货币表示，不考虑不受中央银行控制的因素，当货币量达到最优时，价格也会达到最优。不考虑货币政策以外的因素，在最优货币政策环境下，最优无风险名义利率、最优货币供给、最优价格三者同时存在。

• 不合理的货币供给将带来怎样的影响：货币供给是如何掠夺你的财富的

货币供给何为多、何为少始终没有定论，然而在货币政策长期的实践过程中的确感觉到了不当的货币政策带来的种种经济问题。即使不存在货币，实体经济也会沿着自身的规律运行，而货币的存在，使得交易的效率大大提高。最优的货币供给应使人们充分感受到经济中交易摩擦成本降低的便利，而不会感受到货币带来的混乱。

任何领域的供求失衡都会带来损失，产品与产能市场的供求失衡导致产品与产能的闲置，从而在未充分使用的情况下因自然损耗或技术落后变得无法使用而不得不废弃，但货币的供求失衡不是货币的闲置与自然损耗导致的。由于货币代表货币所能购买到的货物，不当的货币供给等同于人为实施财富的再分配，也就是说，不当货币供给对产品市场的影响是通过财富再分配，人为改变现有资源配置状态来达到的，货币供给对货币需求的偏离越大，这种人为改变越大，通常造成的结构失衡损失越大。在最优货币供求状态下，货币的供给与货币的需求相适应，货币基本不影响产品市场供求。

货币本身是个名义量，我们称之为一分或者一元，其本身对经济并无影响。从长期看，货币的多少似乎并不重要，因为货币与商品间的比例关系发生变化只是单位货币代表的商品价值发生了变化，或者说相对于商品而言是货币自身的价格发生了变化，但商品间的相对价格维持稳定。但从短期看，不合理的货币供应存在很大的问题，因为不同投资者手里持有的货币或商品间的比例相差悬殊，若货币相对商品的价格上升，则对持有货币的人有利，对持有商品的人不利，若货币相对商品的价格下降，则相反，即对持有商品的人有利，对持有货币的人不利。这种人为的财富再分配可能导致严重违背按劳分配的市场规则，使更多的人不得不把注意力和精力从实体经济的劳动中转移到财富管理甚至投机中，否则辛苦劳作取得的果实可能付之一炬；这种人为的财富再分配可能导致资本投资的方向严重违背实体经济的市场规律，导致更大的结构失衡。这种财富再分配发生得越剧烈，带来的恐慌与错乱越大，越不利于实体经济的顺利进行。综上，货币供给不当之所以会影响经济，主要是因为货币供给并非等比例地提高所有人的货币量与所有商品的名义价格，在通过某种方式注入货币时，可能导致违背公平的市场原则，因获得货币者的成本过高或过低而形成财富再分配，扰乱市场秩序。

物品储存受储存期限、储存条件、储存费用、技术进步等的影响，必然有损坏、变质、落后、淘汰，即贬值。每个人在按当期收入安排他们的消费时，未考虑未来可能发生的减值，而未来的减值需要减少全社会的福利来弥补。货币供给与货币需求不能顺利地相互找到将降低货币供求效率从而降低资本配置效率，形成更多闲置资产的减值。人为对货币供求包括利率实施不当干预将加重货币供给结构与需求结构的不匹配，进一步造成实体经济产品与产能结构的不匹配，形成结构失衡损失。货币供求是货币所代表的资本的供求，去除货币供求的制度阻碍，使货币供给与货币需求更好地相互匹配，有利于降低结构失衡损失，提高资源配置效率。

不当的货币刺激或紧缩导致货币的供给过量或不足，与需求不相适应，从而降低经济效率。倘若试图控制货币供给量，与货币需求不相适应的加息紧缩货币抗通货膨胀只会导致更严重的通货膨胀，非最优价格与利率形成的财富再分配将扰乱经济秩序，不利于经济效率的提高。一方面，人为的加息紧缩货币导致利率上升，利率上升导致资金的成本上升，以上升的资金成本生产的产品价格上升；另一方面，人为的加息控通货膨胀导致人为提升企业的资金成本，部分企业短期因资金成本过高而被迫停止生产，导致产品供给不足，形成过少的货物，过少的货物导致通货膨胀的提高。综上，人为货币紧缩抗通货膨胀导致利率的人为提高，从而导致企业正常生产所需资金成本提高以及部分生产因资金成本过高而停止。资金成本提高及产品供给不足推升价格，使得货币紧缩抗通货膨胀不但不能降低价格反而抬升价格。货币政策实施历史表明，众多国家的央行试图通过提高利息紧缩货币以达到控制通货膨胀的目的，但未能奏效。

倘若试图实施货币刺激，人为的货币刺激将导致货币的供给过量，与需求不相适应。当某一领域因产品与产能的过剩导致盈利能力下降与资金紧张时，人为加大对这一领域的货币刺激会导致生产与产能的进一步扩张，从而加重产品与产能的过剩。产品的供求通过价格体现，货币的供求通过利率体现，货币的供求实际上代表的是货币能购买到的实物的供求。因此，正如货币代表的是货币背后的商品的价值，利率代表的是利率背后的产品利润率或商品租金，利率与利润率、租金率的关系维持稳定。当新的技术尚未开发出来，现有技术下有购买力的需求已得到满足，经济必然需要等待，货币刺激之所以能带来经济增长是通过财富再分配的方式，使原来生产过剩无法取得盈利的企业能继续生产更多的过剩产品，原来没有购买力的需求变得可以购买这些产品。如此一来，资源继续配置到过剩部门而不是能满足潜在的有购买力需求的创新产品的供给部门。然而，以货币刺激的方式提高对现有技术下生产产品的需求不可能一直持续下去，因为仅仅产生现有财富的再分配而不是真正意义上的财富增加。

亚当·斯密认为，公共部门不应该干预市场，而应该致力于保护市民、建立司法公正，以及承担一些特定的工作，像发展教育、运输系统和监管票据信用等。亚当·斯密在《国富论》一书中指出："我从来不知道那些人为了公共利益而进行政府干预会带来什么好处。"

政府注入货币缓解危机并不能真正解决危机，而是使危机延后，而且危机到来时可能更为严峻。货币刺激造成现有供需环境下的财富再分配，因为货币的财富再分配功能将储蓄者的财富转移给面临债务危机的企业，使面临债务危机的企业形成错觉，继续生产与产能的扩张，从而导致更大的过剩。虽然短期内受财富再分配影响，危机中的企业重新得以运转起来，闲置的产能得以利用，员工重回岗位就业，带来了经济增长，但可能存在大量无效的增长。当太多的资源被用来生产某一种产品，其他产品的生产就会不足，货币刺激或财政刺激带来的短期经济增长可能加剧这种状况，此时就会导致部分产品供给更为过剩、不足产品更为不足，加重结构失衡损失，导致经济中过剩产品的毁损增加，从而提高储存成本加重通货膨胀。因此，货币的刺激短期内的确有可能提高就业与经济增长，然而，就业与经济的增长是通过大量的无效就业与无效增长实现的。

亨利·桑顿在《大不列颠的票据信用》中指出："如果经济已处于充分就业的状态，货币供给的增加将导致通货膨胀；如果还没有达到充分就业，那么，增加货币供给只会促进经济增长。"不过他同时指出："每一次货币供给的增加，在后来似乎都被证明是合理的，只要之后的经济活动能够随之增长，直至达到充分就业的水平。问题的关键也就在这里，这种情况会导致中央银行在对危险毫无察觉之时过多地增加货币供给，而当它察觉的时候，已经太迟了。"如本书所述，人为加息紧缩货币导致名义利率过高时，降低利率使其更适应货币需求无疑有利于经济增长，但在货币供给已经较为适应货币需求时，或货币供给结构已经较为适应货币需求结构时，人为货币刺激导致的经济增长可能存在大量为生产过剩产品与产能的无效增长，货币刺激导致的就业增加可能存在大量生产过剩的产品与产能的无效就业。

【重要结论】

1. 不当货币政策对产品市场的影响是通过财富再分配人为改变现有资源配置状态来达到的，在最优货币供给状态下，货币不影响产品市场供求，货币的存在仅仅作为衡量尺度，产品市场如同在不使用货币状态下一样沿着自身轨道运行。最优的货币供给使人们充分感受到经济中交易摩擦成本降低的便利，而不会感受到货币带来的混乱。

2. 与货币需求不相适应的货币紧缩抗通货膨胀只会导致更严重的通货膨胀，一方面，人为的加息紧缩货币导致利率上升，利率上升导致资金的成本上升，以上升的资金成本生产的产品价格上升。另一方面，人为的加息控制通货膨胀导致人为提升企业的资金成本，部分企业因生产成本的突然过高而被迫停止，导致产品供给不足，形成过少的货物，过少的货物导致通货膨胀的产生。

3. 货币刺激导致的经济增长可能存在大量为生产过剩产品与产能的无效增长，货币刺激导致的就业增加可能存在大量生产过剩的产品与产能的无效就业。

五　世界各国货币政策案例及数据验证

• 美国的 QE 为什么不会导致通货膨胀

截止 2016 年年底，尽管美国并未将货币政策定义为通货膨胀目标制，货币政策目标也非单一的物价稳定目标，但美国制定了明确的通货膨胀目标以及估计了最大就业率目标，并尽量达成通货膨胀目标与就业率目标。但由于货币政策能决定的主要是通货膨胀目标而非就业率目标，因此，实际上，现有货币政策设定通货膨胀目标为美联储的主要目标。以美联储 2016 年 6 月的货币政策报告描述为例："联邦公开市场操作委员会坚定地致力于促进充分就业、物价稳定、温和的长期利率，……通货膨胀率、失业率、长期利率随时间波动顺应经济与金融波动，货币政策行动影响经济活动与价格有一定滞后，因此，委员会政策决定反映长期目标、中期展望和风险平衡评估，包括金融系统风险可能阻碍委员会目标的达成。……长期看通货膨胀率基本由货币政策决定，因此委员会有能力指定一个长期的通货膨胀目标。委员会判断通货膨胀率为 2%，通货膨胀率以消费者价格指数为依据测定，从长期看与美联储的法定职责最一致。美联储会关注是否通货膨胀率持续高于或低于目标。……最大就业水平主要由影响劳动市场结构与动力的非货币因素决定，这些因素随时间而改变且不能直接衡量，不适于指定一个固定的就业率目标……在货币政策的设置中，委员会寻求减少通货膨胀与就业率相对通货膨胀目标与估计最高就业水平的偏离。这些目标通常是互补的，在委员会判断这些目标不互补的情况下，考虑目标偏离的幅度与时间平衡地推进这些目标。”

美联储现有货币政策的实施使得无风险名义利率下降到零附近并且维持了较低的通货膨胀水平，这与本书负利率目标制理论正好相符合。利率的下降降低组成价格的资本成本与利润，因而降低通货膨胀，无风险名义利率下降到零或弥补现金管理成本的略低于零的水平，通货膨胀自动调整到大约可以弥补存货储存成本的水平，很显然，正常经济环境下，储存成本率是一个较低的水平，因而通货膨胀也是一个较低的水平。

美国是可取得的历史经济数据相对较长且较为完善的国家，同时作为世界大国其重要性举足轻重。美国是世界重要的资金避险国，同时是最大的原油进口国。从美国历史数据看多数情况下经济增速、就业率、利率、CPI 表现出较大的正相关性，但 1984 年以前，货币供应量增速与经济增速表现出很大的正相关性，1984 年以后，却表现出很大的负相关性。而 1970—1981 年，美国名义利率与 CPI 背离经济增速而行，这期间包括美联储主席阿瑟·伯恩斯任职期（1970 年 2 月至 1978 年 1 月 31 日）、威廉·米勒短暂的任职期（1978 年 3 月至 1979 年 8 月 6 日）以及保罗·沃尔克任职期（1979 年 8 月 6 日至 1987 年 8 月 11 日）的早期。1984 年以后，利率、CPI 与经济增速较为正相关，与货币供应量增速较为负相关，通货膨胀得到控制。

在开放经济中，资本在不同国家间流动，这也加大了一国货币需求量的波动。1984 年以后美国货币供给量与工业产出表现出负相关性却更能适应需求，主要受美元的国际避险地位影响。从美国的汇率变动可以看到，不同于原油出口国俄罗斯、加拿大等国汇率与原油价格的同向关系，美国是世界重要的原油进口国，2000 年以后美元指数与原油价格表现出显著的反向关系。2008 年后量化宽松的货币政策（Quantitative Easing，简称 QE）大规模实施，M1 增长速度高点达到 20%，M2 增长速度高点达到 10%，无风险活期名义利率接近零，如此大幅的货币供给量增幅与降息并未出现高的通货膨胀水平，可见货币供给量的多少并不重要，重要的是货币供给是否适应货币需求。

回顾美国 QE 的实施过程，2008 年 11 月美联储首次公布将购买机构债和 MBS，被认为是首轮量化宽松的开始。在 2009 年 2 月发布的货币政策报告中，美联储的阐述如下："自 2007 年夏天以来，美联储对危机做出了强有力的回应。直到去年年中，美国联邦公开市场委员会（FOMC）下调联邦基金利率 325 个基点。由于经济疲软和金融动荡扩散迹象在下半年愈演愈烈，FOMC 继续大幅放宽货币政策。在十二月会议上，委员会建立了联邦基金利率 0 到百分之 0.25 的目标范围，经济状况可能需要联邦基金利率在一段时间内维持非常低的水平。此外，美联储在 2008 下半年采取了多项措施，……美联储十一月宣布计划购买机构担保抵押贷款支持证券和机构债务。这些举措已导致美联储资产负债表规模显著扩大，联邦公开市场委员会表示，由于公开市场操作和支持金融市场与在一个非常低的短期利率环境为经济提供额外刺激的其他措施，预计资产负债表规模一段时间内将维持高水平。"

从2010年11月至2011年二季度末6000亿美元的长期国债购买计划则被认为是美国的第二轮量化宽松。在2011年3月发布的货币政策报告中，美联储的阐述如下："2010年11月，为提供进一步的政策支持经济复苏，联邦公开市场委员会宣布意图到2011第二季度末另外购买6000亿美元长期国债。在2010下半年和2011年年初，美联储维持联邦基金利率的目标范围0至百分之0.25，重申其预期的经济条件，包括资源利用率低、抑制通货膨胀趋势、稳定的通货膨胀预期，可能更长时间令长期联邦基金利率维持非常低的水平。"在2013年2月发布的货币政策报告中，可以看到美联储新一轮的量化宽松："2012年9月委员会宣布，将开始购买额外的机构担保的抵押贷款支持证券（MBS）每月400亿美元。12月委员会宣布，除了继续机构MBS购买，将初步按每月450亿美元的速度购买长期国债。"QE期间美联储的货币政策主要是降低无风险名义利率刺激经济增长与就业率提升，系列货币宽松政策的实施使得联邦基金利率下降到零附近并且得以维持。接近零的无风险活期名义利率与低通货膨胀并存的状态正好与本书负利率目标制理论相一致，货币政策控制无风险活期利率为最优利率，通货膨胀会自动调整到实际利率可以弥补存货储存成本的水平。不过，笔者认为，超过负利率目标制实施范围的债券购买行为还有待商榷。

长期以来，货币供应量增速不超过产出增长率就不会发生通货膨胀的思想几乎达成了共识。盯住货币供应量而不是盯住利率的货币政策目标导致了货币的供给远远偏离需求。货币的需求具有较难预测的特征，产出主要影响的是交易动机资金需求，仅考虑产出的货币供给量不能充分考虑到谨慎动机与投机动机需求的影响。因此，我们可以看到，1984 年以后，由于美元的国际货币地位，受避险资金的流入流出影响等，美国货币供应量增速大幅波动，与经济增速走向基本相反，但并没有发生严重的通货膨胀，可见美国 1984 年以后货币供给与货币需求是相适应的。

然而，美国货币政策的发展也经历了曲折的过程。1984 年以前，在货币供应量增速与经济增速同样表现出正相关性的情况下，为何 1970—1981 年利率与 CPI 会背离经济增速而行并出现高通货膨胀，这与当时环境的变化有很大关系。1969—1982 年是考验货币政策的一段特殊的时期，1969 年、1973—1974 年、1980 年联邦基金利率大幅高于 1 年期国债利率，皆是因为控制货币供应量所致。1969—1982 年货币供应量增速与经济增速走势正相关，利率走势与经济增速走势表现出一定的负相关性。1982 年后不再控制货币供应量增速，货币供应量增速大幅波动，1987 年 M1 增速达到 17%，而 1989 年甚至出现负增长。

1971 年《史密森协定》后美元与黄金挂钩的体制名存实亡。黄金的美元价格大幅上行，即美元相对黄金贬值，1980 年是黄金美元价格的高点也是美国 CPI 的高点。美元脱离黄金的名义锚后向其本来的价值回归本是正常经济现象，但实际上，黄金迎来的是一轮非理性的上涨，美元相对黄金的贬值幅度远远超过了其应有的限度。1970—1981 年美元指数整体上是下行的。美国国际收支头寸数据显示美国持有的黄金资产占美国海外资产比例上行、外国持有的美元资产占美国海外资产及外国在美国持有的资产比例下行。美国黄金资产占官方储备资产的比例也显著上升。在弃美元购黄金的背景下，美联储实施了一系列加息措施，有很大一部分时期联邦基金利率显著高于 10 年期国债利率。1982 年以后，联邦基金利率相对 10 年期国债利率大幅下降。

威廉·西尔伯在《力挽狂澜——保罗·沃尔克和他改变的金融世界》一书中这样写道："美国承诺用 1 盎司黄金兑

换35美元的价格赎回美元，构成了世界支付体系的基础。这一体制创建于1944年7月在新罕布什尔州布雷顿森林召开的为期三周的国际会议。在长达四分之一个世纪里，《布雷顿森林协定》成为国际金融领域的'大宪章'，直至1971年8月解体……对通货膨胀最简单的解释——过多的货币追逐过少的货物——说出了长期的事实真相。如果没有钱，人们就无法购物，而人们不购物，价格就不会上涨。自1965年以来的10年，美国货币供应量的增速是之前10年的2倍，相应的结果就是物价飙升。通货膨胀率由低转高的拐点事件，就是1965年3月约翰逊总统签署了取消银行储备与黄金挂钩的法案……自从1981年12月以来，货币供应量大增15%，这让所有的委员都很吃惊，如果考虑到1981年中开始的深度衰退，货币需求应下降才对。在1982年2月1日这次联邦公开市场委员会会议即将结束的时候，委员们投票决定考虑'货币供应量近期的上升问题'，并准备在1982年一季度'不再增加货币供应'。委员会还将联邦基金利率提高到了14%，而1981年12月的目标利率是12%。"从威廉·西尔伯上述描述可以看到，将深度衰退与货币需求下降直接相关联，是因为仅考虑到与产出相关的货币需求，即主要考虑的是交易动机的货币需求。人为地通过加息来控制货币供应量，使得 1982 年 2 月的联邦基金利率是远高于 1 年期国债利率的。

布雷顿森林体系的解体导致黄金价格的大幅上行对通货膨胀的冲击类似于原油价格大幅波动对通货膨胀的冲击，大宗商品的波动非一国所能控制，更非货币当局所能控制，而对于大宗商品价格波动导致的通货膨胀上升，不当的货币政策应对反而更加大了通货膨胀的波动幅度。1944 年 7 月，美国邀请参加筹建联合国的 44 国政府的代表在美国布雷顿森林签订了《布雷顿森林协议》，根据布雷顿森林体系，美元直接与黄金挂钩，各国货币则与美元挂钩，并可按 35 美元一盎司的官价向美国兑换黄金。1965 年 3 月约翰逊总统签署了取消银行储备与黄金挂钩的法案，1968 年黄金的价格大幅上升，1969 年 3 月 10 日达到 43.83 美元，此后黄金价格下行，1970 年 1 月重回 35 美元。1971 年史密森协定后美元与黄金挂钩的体制名存实亡。

布雷顿森林体系解体后，1971—1981 年 10 年间经历了两轮大的黄金价格上行，通货膨胀的波动与黄金价格的波动表现出很大的同向变动特征，当时日本的通货膨胀也与黄金价格的波动表现出同向变动特征。面对黄金价格的上行导致的投机动机上行时，美国当时的货币供给过于关注产出而未充分关注到其他动机的资金需求变化，因而导致了货币供给与货币需求的不相适应。而面对通货膨胀的上行又试图加息控制通货膨胀，由于名义利率的上升需要通过商品名义价格的上升来转嫁，同时不当的大幅加息导致了实体经济无法及时做出调整，造成生产投资的减少，导致了通货膨胀更大幅度的上行。大宗商品价格的大幅上升导致储存成本上升，储存成本的上升需要通货膨胀上升来弥补使得持有货币与持有实物不存在重大差异；或者换句话说，货币政策只能通过控制无风险名义资金成本影响价格，不能控制影响价格的其他因素，大宗商品价格上升导致的价格上涨不应由一国货币政策控制。因此，大宗商品价格冲击导致的通货膨胀上升会导致通货膨胀目标无法实现，货币政策只有控制无风险名义利率目标，使货币供给适应货币需求才能将实体经济中的损失降到最低，控制货币供给量或是控制通货膨胀目标都不是最佳的解决方案。货币需求包括交易动机、谨慎动机、投机动机三种，虽然货币当局可以控制自身的货币供给，但不能控制货币需求出于哪种动机，黄金的投机行为也并非一国货币当局使用货币政策工具可以控制的。

【重要结论】

20世纪80年代以后，尤其2008年金融危机以后实施QE期间，美国的货币供给量大幅波动，远远偏离经济增速，无风险名义利率逐渐下降到零附近，但并未出现过高的通货膨胀。如本书负利率目标制理论所提出的，货币政策对通货膨胀的影响主要是通过调整无风险名义利率来进行的，不考虑货币政策以外的因素，提高利率会提高通货膨胀，降低利率会降低通货膨胀，货币政策以最优无风险名义利率供给货币使货币供给量达到最优，与货币供给量的多少关系不大，重要的是货币供给是否适应货币需求。

• 俄罗斯央行为什么不能实现货币政策目标

2000 年至 2016 年的俄罗斯货币政策相关数据显示，除了特殊货币政策时期，俄罗斯的名义回购利率稳定在 6%左右的水平。尽管过高的名义利率会导致不当的财富再分配，不利于实体经济的运行，但由于货币政策的稳定，对实体经济的短期冲击并不显著。由于俄罗斯经济并没有能力承担如此高的利息成本，高的利息成本稳定地通过提高消费品的价格向消费者转嫁，因此，这一过高的名义利率基准提升了俄罗斯整体的通货膨胀水平，使得俄罗斯长期以来 CPI 同比数据的中位数维持在 10%左右的高位。也正因为上述原因，尽管俄罗斯有着高的无风险名义利率，但无风险实际利率长期为负。

2000 年以来俄罗斯有两次特殊的货币政策操作，一次是 2007—2010 年，另一次是 2014—2016 年，分别经历了一轮加息至降息的完整过程。上述两个阶段利率水平与通货膨胀水平的走势均表现出很大的正相关性，进一步印证了本书关于名义利率的提高将提高名义资金成本进而会提高通货膨胀水平的论述。

2007 年年初，俄罗斯原油价格大幅上行导致了通货膨胀水平因资源成本提升而上升。根据负利率目标制理论，世界能源冲击非一国所能控制，能源价格提升导致通货膨胀的提升属于正常现象，无须对由此导致的通货膨胀进行人为控制。然而，俄罗斯提高了回购利率导致了通货膨胀水平的更大上升。2008 年 7 月开始原油价格大幅下行，为防止资本外流遏制卢布贬值，俄罗斯大幅提高了回购利率，由于回购利率的大幅提高，尽管原油价格大幅下行，但俄罗斯的通货膨胀水平一直维持在高位。2009 年年初原油价格由下跌转向上行，回购利率下行向非特殊货币政策时期的 6%靠拢，由于名义利率的大幅下行，尽管原油价格上行、工业生产指数增速上行，但通货膨胀水平大幅下行。2010 年 7 月后，回购利率下降到 6%左右的水平并在较长一段时期内维持稳定。受原油价格水平上升的影响，通货膨胀水平尽管出现了上升但由于未受到加息冲击的影响，通货膨胀水平的上升幅度较 2008 年与 2014 年加息期间要低得多。

2014 年的原油价格下行与 2008 年的原油价格下行类似，俄罗斯关键利率的大幅提升导致了通货膨胀水平的大幅上升，而俄罗斯汇率指数依然随原油价格的下行而下行。2014 年 12 月 16 日，俄罗斯央行发布通知，将关键利率从 10.5%大幅上调到 17%，并表示此举旨在阻止卢布贬值、防控通货膨胀大幅走高风险。2014 年 12 月的大幅加息后，短期国债利率显著高于长期国债利率，工业产出增速大幅下行进入负增长阶段，通货膨胀却大幅上行，俄罗斯汇率指数短期反弹后继续下行。显然，俄罗斯央行的加息未能阻止卢布的跌势，也未能控制通货膨胀，却加剧了经济的危机。在俄罗斯央行 2014 年的年度报告中，对此次重要的货币政策决策进行了较为详细的分析，从分析结论看，俄罗斯央行并未意识到现行货币政策理论的逻辑错误，而将货币政策目标未能达成归结为不可预见的外部因素，报告的相关表述为："广泛范围的产品和服务价格的加速增长主要由于卢布的贬值和经济的高不确定性，加大经济实体通货膨胀预期压力与达成中期通货膨胀目标风险。在这种情况下，俄罗斯央行自 2014 年 3 月以来分六次共提高关键利率 11.50 个百分点，2014 年 12 月 16 日，关键利率提升了 6.50 个百分点达到 17%。事实上 2014 年的消费价格增长加速主要是由不可预见的外部因素造成的，关键利率变化的货币政策对价格波动的影响有 12 至 18 个月的时滞，2014 年通货膨胀下降到 5%的目标是不可能的。”

尽管俄罗斯常年处于高的通货膨胀水平，不同于部分执行通货膨胀目标制国家的低利率与低通货膨胀环境，但实际上，俄罗斯的货币政策执行的是通货膨胀目标制，还以 2014 年俄罗斯央行的年度报告为例，对于货币政策目标的阐述为：“俄罗斯央行货币政策的主要目标是实现价格稳定，价格稳定被理解为实现和维持稳定的低通货膨胀率，这对保证经济的平衡和可持续增长至关重要。国家货币政策指引制订的 2014、2015 及 2016 年的通货膨胀目标为 5%。”本书说过，由于通货膨胀目标制仅仅是一个以低通货膨胀为目标的货币政策框架，对于如何实现低通货膨胀、实现怎样的低通货膨胀并没有明确的理论与操作规则，这就导致了世界各国在通货膨胀目标制的执行过程中出现了众多违背经济规律的操作，造成了不必要的经济损失。

人为地大幅提高利率控制货币供应量导致利率水平短期严重偏离企业利润率的承受能力，从而使企业正常的生产投资无法进行，导致风险上升及生产不足，从而形成过少的货物，过量的货币发行无疑会导致通货膨胀，然而货物的过度减少同样会导致通货膨胀，我们在前文已对此问题做过深度剖析，这里不再赘述。

俄罗斯的能源经济使得资本流入流出受原油价格的影响重大，油价下跌时资本流出俄罗斯，因而油价的下跌伴随着卢布的贬值。经济危机或油价大跌时，资本流出俄罗斯，俄罗斯货币当局试图通过加息紧缩货币来防控通货膨胀或防止资本流出，名义利率的突然提升短期导致企业资金成本的大幅上升，使得部分企业的生产与投资无法正常进行，导致生产的下降，继续生产的企业需要通过提高产品价格的方式将资金成本转嫁给消费者，反而推高了通货膨胀。2008 年 6 月至 2008 年 12 月、2014 年 6 月至 2014 年 12 月是 2000 年以来最大的两次油价下跌，俄罗斯回购利率从 2008 年 6 月的 6.79%上升到 2009 年 2 月的 12%、从 2014 年 6 月的 7.56%上升到 2015 年 1 月的 17.44%。期间工业生产指数增速大幅下降，CPI 高位震荡或大幅上行。俄罗斯的两次大幅加息都对应就业率的大幅下降即失业人口比例的大幅上升，从另一角度印证了之前的分析，即短期大幅加息提高资金成本，会导致部分企业的生产投资无法进行，从而造成大量失业人口。

整体上看，俄罗斯的名义利率偏高，离负利率目标制的目标利率还有很大的一段距离。需要注意的是，负利率目标制的实施宜缓慢渐进地实施，不宜断崖式地降息造成经济的混乱。俄罗斯非重大冲击期间的高名义利率并不会造成类似加息抗通货膨胀期间的大幅生产下降与失业上升，是因为这种货币供给过程的过剩与不足是渐进的而非断崖式的，货币逐渐被经济所吸收，对短期经济的影响是细微的，不易察觉。

【重要结论】

1. 2000年以来俄罗斯的名义回购利率通常稳定在6%左右的水平。高的利息成本通过提高消费品的价格向消费者转嫁，因而，过高的名义利率基准提升了俄罗斯整体的通货膨胀水平，使得俄罗斯长期以来CPI同比数据的中位数维持在10%左右的高位，尽管俄罗斯有着高的无风险名义利率，但无风险实际利率长期为负。

2. 2000年以来俄罗斯有两次特殊的货币政策操作，一次是2007—2010年，另一次是2014—2016年，分别经历了一轮加息至降息的完整过程，均为原油价格大幅波动期间。本书提出的负利率目标制理论认为，加息将提高通货膨胀水平，尽管加息提高了名义利率，但通货膨胀水平的提高抵消了名义利率提升的部分好处，这使得该国货币的购买力无法得到提升，因而不利于提升该国货币的币值。此外，大幅加息扰乱实体经济正常的生产秩序，导致部分生产与投资无法正常进行，从而使该国产出下降，这也降低了该国货币的吸引力，因此，两次大幅加息试图防止通货膨胀与卢布汇率贬值的措施并没有取得成功，却导致了工业生产指数同比增速的大幅下行以及失业率的上行。

• 加拿大低利率实现的低通货膨胀

加拿大于 1991 年开始采用通货膨胀目标制，1991 年 2 月 26 日，加拿大公布了到 2005 年以“降低通货膨胀与建立价格稳定”为正式目标的声明。第一个目标区间是到 1992 年年底，即目标施行 22 个月后，与上年同期相比，通货膨胀率（以 CPI 的变化来定义）中间点达到 3%；第二个目标区间是到 1994 年 6 月，达到中间点为 2.5%的通货膨胀率；第三个目标是再过 18 个月后，通货膨胀率中间点达到 2%。

1991 年至今，加拿大每 5 年进行一次通货膨胀目标制实施情况的回顾及目标的重新修订。加拿大是通货膨胀目标制实施成功的国家之一，正如加拿大央行在 2016 年的通货膨胀目标更新报告中总结：“加拿大实施通货膨胀目标制的成果是可观的，以 CPI 衡量的加拿大通货膨胀自 1991 年以来非常稳定。通货膨胀目标引入以来，通货膨胀水平快速下降。自 1995 年以来，通货膨胀率平均接近 2%，基本未脱离 1%至 3%的控制范围。”对于较低的名义利率，加拿大央行在报告中解释为“名义利率的低位主要是因为通货膨胀预期下降，部分由于补偿投资者通货膨胀风险的溢价变小”。

在伯南克等人所著《通货膨胀目标制：国际经验》一书中对加拿大的通货膨胀目标制经验总结如下：“第一，加拿大银行在保持较低的通货膨胀和阻止对价格水平的一次性冲击进入到趋势通货膨胀之中这两个方面做得非常成功；第二，即使通货膨胀目标制实际上是非常灵活的（例如，在目标失守时，加拿大银行并不会受到任何自动的制裁），通货膨胀目标制的运行机制也能够很好运转，使加拿大保持了较低且稳定的通货膨胀，这种灵活性使得加拿大银行有适当的空间在经济受到意外冲击时暂时偏离通货膨胀目标；第三，加拿大银行在面对疲软的经济状况时，通过运用通货膨胀目标手段，能够采取放松货币条件的政策，同时相信这种放松货币的政策不会导致未来对更高通货膨胀水平的预期。正是因为通货膨胀目标制框架的这种灵活性以及对目标区下限和上限的同样关注，通货膨胀目标制并没有要求加拿大银行在事先承诺承担起稳定实体经济的全部责任。”

加拿大的通货膨胀目标制无疑是成功的，但从上述总结也可以看到，在成功中包括通货膨胀目标的偏离，包括放松货币并未导致通货膨胀的上行，也包括货币政策在卸掉刺激经济增长的责任后能更好地适应货币需求环境。本书提出的负利率目标制理论指出，设定最优无风险名义利率后，通货膨胀会自动做出调整使货币贬值的损失大约可以弥补高于现金管理成本的存货储存成本，因此，通货膨胀并非不可以偏离目标。此外，加拿大的通货膨胀目标制实施起始时点为1991年，当时正处于利率从高位下行过程中，通货膨胀不久也转入下行，加拿大在持续的降息过程中原定的通货膨胀目标已实现，在加息抗通货膨胀尚为共识的环境下，通货膨胀目标既已实现，也就没有加息抗通货膨胀的必要性了，因此，持续了降息放松货币的政策。实践表明，摈弃货币供给量目标放松货币并未导致通货膨胀，反而能更好地适应货币需求环境。

同样是重要的能源出口国，加拿大并没有因为原油的冲击而导致高通货膨胀与高名义利率，2008年的加拿大，隔夜回购利率处于大幅下行中，从2007年11月的4.5%一直下降到2009年5月的0.2%，期间M3增速大幅下行，但M1、M2

增速大幅上升；2014 年 6 月至 12 月原油价格大幅下行期间的加拿大，隔夜回购利率稳定在约 1%的水平，此后继续下行，降低到 2016 年约 0.5%的水平。

除 2008 年金融危机期间的大幅降息与其后的失业率大幅上升，稳定的无风险低利率环境使得加拿大保持了较为平稳的经济环境。2014 年的原油价格大幅下行，加拿大制造业生产几乎维持了自身的经济周期走势，并没有出现明显异常的大幅下行，失业率也未出现上行。原油价格下行时，资本流出加拿大流入美国等国避险；原油价格上行时，资本流出美国等避险国流入加拿大等国。加元兑美元与原油价格走势高度正相关，但加拿大允许汇率自由波动，并未采取加息防控资本外流的做法。CPI 随生产的波动而波动，加拿大也并未采取任何加息防控通货膨胀的做法。然而，货币政策实践经验证明，相对于同样是能源出口国的俄罗斯，加拿大的货币政策更能使货币供给适应货币需求。

【重要结论】

加拿大与俄罗斯同为重要的能源出口国，但加拿大在原油价格大幅下行期间并未采取加息以防资本外流或汇率贬值的措施，维持了较低的名义利率，此举使得加拿大维持了较低的通货膨胀水平。

此外，受原油价格冲击的影响，原油价格大幅波动期间加拿大通货膨胀率出现了一定波动，但是加拿大并未采取加息防止通货膨胀上升的措施，名义隔夜回购利率在低位维持稳定，通货膨胀水平并未大幅上升。加拿大稳定地维持低无风险名义利率的措施使得加拿大维持了低的通货膨胀率，减少了货币政策对实体经济运行的不正常冲击，与本书负利率目标制理论一致。

• 从英国数据看货币政策对 2008 年金融危机的影响

英国 CPI 的同比变化相对国际原油价格有很显著的滞后正相关性。2009 年至 2016 年，英国隔夜国债回购利率就已基本稳定在 0.5%以下的水平，然而，2011 年的原油价格高点同样使英国 CPI 上升到了历史的较高位置。2000 年至 2016 年 CPI 这样的高位只有两次，另一次是 2008 年第 3 季度，同样是原油价格的高位。前文已经论述过，原油价格冲击形成的通货膨胀上升不应由货币当局依靠货币政策工具控制。这一点美国存在类似情况，与是能源进口国还是出口国也没有关系。原油价格的上升对通货膨胀率的影响方向是一致的，加拿大的 CPI 数据与原油价格也存在类似的关系尽管关系的显著性要低一些，俄罗斯在回购利率维持稳定的 2005—2007 年、2010—2013 年通货膨胀的变化与原油价格的变化也是有较高同向性的，但回购利率大幅波动的 2008—2009 年、2014—2015 年却正好相反，名义利率的人为调整导致了 CPI

的相应波动。

货币的缓慢、渐进的变化会被实体经济吸收，不会对实体经济形成大的显著的扰动，然而，急剧的变动会明显扰乱实体经济环境。2012 年后英国即进入零或负利率、低通货膨胀运行区间，至 2016 年本书撰写时，基本达到了负利率目标制的目标利率水平。然而，其实现过程并不顺利。

英国 2008 年中至 2009 年年初短短不到 1 年的时间，国债隔夜回购利率从 5%左右的水平急剧下降至约 0.5%的水平，CPI 从 2008 年第 3 季度至 2009 年第 3 季度急剧下降。而从 2009 年第四季度开始大幅上升，直至 2011 年第三季度末达到同比 5%的较高位置。2000 年以来，英国国债隔夜回购利率出现这样的高位只有两次，另一次是 2008 年第三季度。尽管有原油价格冲击的影响，但英国同期降息幅度大于美国，日本由于早已实施接近零的无风险名义利率，降息幅度不大。从 2011 年同期 CPI 的上升幅度看，英国大于美国，美国大于日本，2011—2012 年英国工业生产指数的同比增速大幅低于美国，这是 20 世纪 80 年代以来出现的最大的一次差异。英国货币政策的改变受 2008 年全球金融危机的影响，但不是主要因素，因为负利率的大潮已形成全球气候，执行只是迟早的事。加息抗通货膨胀的失败我们已详细阐述过，但对于降息，传统经济学理论均认为是放松货币环境刺激经济发展，但事实并非完全如此。

英国大幅降息后通货膨胀的上升也并非是货币供给量过多而导致的通货膨胀，从全球通过长期降息实现零或负利率、低通货膨胀的国家的经济数据来看，低通货膨胀的实现都是通过降息实现的。然而，由于英国短期内降息幅度太大导致实体经济无法及时消化，从而导致过少的货物形成通货膨胀，从英国急剧降息期间失业率的大幅提升也可以从侧面验证这一点。

我们在前文说过，加息抗通货膨胀是失败的，大量国家通过降息成功地控制了通货膨胀，但英国急剧降息阶段又是如何导致失业率与通货膨胀上升的呢？急剧降息时，由于部分企业已通过高息筹集资金实施了生产投资活动，在这些高利息成本的投资尚无法通过销售的产品回收时，新投资者以大幅下降的利息筹集资金进入生产投资，取得成本大幅下降的竞争优势，急剧的降息使得降息前以高利息筹集资金的企业无法将高的利息成本转嫁出去从而导致生产、投资的损失，不得不减产或停工，因而导致失业率上升以及因过少的货物导致通货膨胀上升。本书负利率目标制理论指出，储存物品会发生费用与损失，要使持有货币与持有货物之间不存在重大差异，则实物的名义价格需要上升用以弥补储存成本。生产、投资的损失使得经济中存货减值损失上升，而储存货物的减值损失是储存成本的一部分，因而生产、投资的损失将导致储存成本的上升，储存成本的上升无疑会导致通货膨胀的上升。

【重要结论】

利率的缓慢、渐进的变化会被实体经济吸收，不会对实体经济形成大的显著的扰动，然而，急剧的变动会明显扰乱实体经济环境。负利率目标制的实现应循序渐进地实施，不应因为剧烈的货币政策变动而对实体经济形成大的扰动。英国虽已实现接近零的无风险名义利率与低通货膨胀，但2008年中至2009年年初短短不到1年的时间国债隔夜回购利率从5%左右的水平急剧下降至约0.5%的水平，低利率低通货膨胀实现过程中过于急剧的降息加重了经济危机。

• 从欧盟数据看货币政策对失业率的影响

1992年2月7日签订于马斯特里赫特的欧洲联盟条约（马斯特里赫特条约）确立了欧洲货币联盟（EMU）和欧洲中央银行体系（ESCB）的基础，提出“确定不可撤销的汇率以导向单一货币（ECU）的实现，单一货币政策和汇率政策的界定和实现，两者的首要目标应是维持价格稳定，并在与这个目标不相悖的情况下，根据自由竞争的开放市场经济原则支持共同体的一般经济政策。成员国和共同体的这些活动须同下列指导原则保持一致：稳定的价格、健康的公共财政及货币环境和持续的收支平衡。……ESCB的基本目标是保持价格稳定，在不损及价格稳定目标的前提下，ESCB应以有利于达到共同体目标为目的，支持共同体的一般经济政策”。由此我们可以认为，马斯特里赫特条约确定了价格稳定作为货币政策的主要目标。

欧元区自2014年后基准利率下降至零附近，1年期公债收益率为负。2014年后调和CPI在1%以下，围绕零窄幅波动。欧元区的降息过程始于2008年，总的来说整个降息过程是平稳的，但2008年第四季度与2009年第一季度实施了急剧的降息，同英国一样，过于急剧的降息导致了实体经济无法在短期内及时做出调整，从而导致了经济危机的加重，急剧降息期间失业率出现了大幅上升。同英国一样，欧盟工业生产指数与美国工业生产指数同比增速的差异在2011—2012年出现20世纪90年代以来的低点。不过，2008年第四季度至2009年第一季度欧盟的降息幅度比英国同期的降息幅度要小得多，2011年通货膨胀并未上行到如英国的高位。而2014年后利率的缓慢下行则伴随工业生产指数的回升，带来了就业率的更显著回升。2004年后原油价格大幅波动，欧盟CPI同比增速与原油价格表现出很大的同向变动特征，包括因原油价格冲击而导致的2011年的通货膨胀较高位置。

欧盟2008年金融危机期间急剧的降息加重了经济的危机，而2014年后缓慢的降息至负的无风险名义利率促进了就业率的上升。

• 负利率目标制的先驱：20 世纪房地产危机之后的日本为何走不出通货紧缩

日本是较早实行低无风险名义利率的国家，20 世纪 90 年代初日本房地产危机爆发，自此开始了漫漫降息之路，隔夜拆借利率从 1991 年年初约 8%下降到 1995 年末接近零的水平，此后一直在零附近波动。降息期间 CPI 同比增速随利率的下行而下行，1996 年后隔夜拆借利率维持较为稳定的水平，CPI 才表现出窄幅周期性波动。由于实体经济有自身的周期，除 1991—1995 年大幅降息期间工业生产指数下行显著，其他降息期间工业生产指数并未观察到显著的与利息一致的波动，不过 1991—1995 年大幅降息期间就业率有明显下行。20 世纪 70 年代与 80 年代两次大幅的降息期间，就业率也出现了下行。低利率后的日本进入低通货膨胀运行区间，CPI 同比增速与工业生产指数同比增速有一定同向变动特征，通货膨胀同时受到原油价格冲击的一定影响。

如本书负利率目标制理论所提出的，名义利率的下降通过降低名义资本成本等影响通货膨胀的下行，因而日本的历次大幅降息期间通货膨胀都出现了下行，且由于名义利率的大幅下行，通货膨胀的下行是偏离工业生产指数的。1995 年后日本进入低利率运行区间，通货膨胀同样低位运行，甚至出现了很长时间的通货紧缩。日本的低利率与低通货膨胀为何维持了这么长的时间呢？20 世纪 90 年代的房地产危机之后，日本经济增速放缓，根据货币扩张可以刺激经济发展的传统理论，日本持续降低利率意图刺激经济增长。1999 年日本就确立了零利率目标，在降低利率与增加货币投放的一系列货币宽松政策的长时间执行中出现了较长时间的通货紧缩，而面对较低的通货膨胀甚至通货紧缩，日本又试图通过进一步的货币投放意图提高通货膨胀水平，尽管通货紧缩的产生有实体经济的因素，但持续的增加货币投放与降息也是通货紧缩的重要原因。

现有观点认为，通货膨胀在 2%左右最有利于经济发展，目前美国、加拿大等国的通货膨胀目标也设置为 2%。面对连续多年的低通胀甚至通缩，为了实现 2%以上的通货膨胀目标，根据“负利率目标制”理论提出以前全球各央行广泛采用的“加息抗通胀”的逻辑，日本试图进一步降低利率来提高通货膨胀。2016 年 1 月 29 日，日本提出“负利率量化与质化货币宽松”（Quantitative and Qualitative Monetary Easing with a Negative Interest Rate），正式开启负利率。显然，根据本书提出的“负利率目标制”理论，降低利率是不利于提高通胀的。事实上，日本持续的降息操作不仅没能提高通胀反而导致通胀水平始终徘徊在通缩的边缘。不过，尽管日本没有实施真正意义上的“负利率目标制”，却在试图提高通胀而进行的不断的降息操作中进入了负利率运行区间。但是，对于负利率的范围，日本央行应重新核算确定。此外，日本央行应避免过度的资产购买行为，过度的资产购买违背了正常的市场原则，阻碍了实体经济的发展。

尽管日本近二十年来维持了稳定的低利率，但是在低利率到来前过于剧烈的降息导致了不必要的经济损失。名义利率的缓慢变动能逐步被实体经济吸收，对实体经济的冲击小，实体经济通过物价变动将名义资金成本的变动转嫁给消费者。然而，名义利率的急剧转变使得不同企业因筹资时间的不同而产生巨大的资金成本差异，造成不公平的竞争关系。利率的大幅下行使得新的生产者以低成本进入，而筹资成本高的原有企业无法将高的资金成本转嫁出去，因而导致生产经营难以为继。日本历次大幅降息期间均出现了就业率较大幅度的下行，此外，从日本 20 世纪 90 年代大幅降息期间及其后几年的破产企业数大幅上升也可以证实我们前述判断，即货币政策大幅转变形成的不平等的资源配置导致了部分企业因资金成本过高无法转嫁，因而不能继续生产经营，从而导致失业率上升。

【重要结论】

1. 如本书负利率目标制理论所提出的，名义利率的下降通过降低名义资本成本等影响通货膨胀的下行，1995 年后日本进入低利率运行区间，通货膨胀同样低位运行。

2. 名义利率的急剧转变使得不同企业因筹资时间的不同而产生巨大的资金成本差异，利率的大幅下行使得新的生产者以低成本进入，而筹资成本高的原有企业无法将高的资金成本转嫁出去，因而导致生产经营难以为继。日本历次大幅降息期间均出现了就业率较大幅度的下行，20 世纪 90 年代大幅降息期间及其后几年破产企业数大幅上升。

• 从中国数据看负利率目标制的实施时机

中国货币政策的制定机构是中国人民银行货币政策委员会。中国人民银行货币政策委员会是中国人民银行制定货币政策的咨询议事机构。根据《中华人民共和国中国人民银行法》和国务院颁布的《中国人民银行货币政策委员会条例》，经国务院批准，中国人民银行货币政策委员会于1997年7月成立。2003年12月27日新修订的《中国人民银行法》第十二条明确指出："中国人民银行设立货币政策委员会。货币政策委员会的职责、组成和工作程序，由国务院规定，报全国人民代表大会常务委员会备案。中国人民银行货币政策委员会应当在国家宏观调控、货币政策制定和调整中，发挥重要作用。"根据1997年4月5日国务院发布的《中国人民银行货币政策委员会条例》，货币政策委员会的职责是，在综合分析宏观经济形势的基础上，依据国家宏观调控目标，讨论下列货币政策事项并提出建议："货币政策的制定和调整、一定时期内的货币政策控制目标、货币政策工具的运用、有关货币政策的重要措施、货币政策与其他宏观经济政策的协调。”

中国的货币政策操作工具主要有公开市场业务、存款准备金、再贴现、中央银行贷款、利率政策以及非常规的补充性工具（短期流动性调节工具 SLO，常备借贷便利 SLF，中期借贷便利 MLF，再贷款与抵押补充贷款 PSL）等。中国人民银行对于其使用的各种货币政策工具的创设动机、操作方法与操作目的介绍如下：

1. 公开市场业务

在多数发达国家，公开市场操作是中央银行吞吐基础货币，调节市场流动性的主要货币政策工具，通过中央银行与市场交易对手进行有价证券和外汇交易，实现货币政策调控目标。中国公开市场操作包括人民币操作和外汇操作两部分。外汇公开市场操作于 1994 年 3 月启动，人民币公开市场操作于 1998 年 5 月 26 日恢复交易，规模逐步扩大。1999 年以来，公开市场操作发展较快，目前已成为中国人民银行货币政策日常操作的主要工具之一，对于调节银行体系流动性水平、引导货币市场利率走势、促进货币供应量合理增长发挥了积极的作用。中国人民银行从 1998 年开始建立公开市场业务一级交易商制度，选择了一批能够承担大额债券交易的商业银行作为公开市场业务的交易对象。近年来，公开市场业务一级交易商制度不断完善，先后建立了一级交易商考评调整机制、信息报告制度等相关管理制度，一级交易商的机构类别也从商业银行扩展至证券公司等其他金融机构。

从交易品种看，中国人民银行公开市场业务债券交易主要包括回购交易、现券交易和发行中央银行票据。其中回购交易分为正回购和逆回购两种。正回购为中国人民银行向一级交易商卖出有价证券，并约定在未来特定日期买回有价证券的交易行为。正回购为央行从市场收回流动性的操作，正回购到期则为央行向市场投放流动性的操作。逆回购为中国人民银行向一级交易商购买有价证券，并约定在未来特定日期将有价证券卖给一级交易商的交易行为。逆回购为央行向市场上投放流动性的操作，逆回购到期则为央行从市场收回流动性的操作。现券交易分为现券买断和现券卖断两种：前者为央行直接从二级市场买入债券，一次性地投放基础货币；后者为央行直接卖出持有债券，一次性地回笼基础货币。中央银行票据即中国人民银行发行的短期债券，央行通过发行央行票据可以回笼基础货币，央行票据到期则体现为投放基础货币。

根据货币调控需要，近年来中国人民银行不断开展公开市场业务工具创新。2013 年 1 月，立足现有货币政策操作框架并借鉴国际经验，中国人民银行创设了短期流动性调节工具（Short-term Liquidity Operations，简称 SLO），作为公开市场常规操作的必要补充，在银行体系流动性出现临时性波动时相机使用。这一工具的及时创设，既有利于央行有效调节市场短期资金供给，熨平突发性、临时性因素导致的市场资金供求大幅波动，促进金融市场平稳运行，也有助于稳定市场预期和有效防范金融风险。

2. 再贴现

再贴现是中央银行对金融机构持有的未到期已贴现商业汇票予以贴现的行为。在我国，中央银行通过适时调整再贴现总量及利率，明确再贴现票据选择，达到吞吐基础货币和实施金融宏观调控的目的，同时发挥调整信贷结构的功能。

自 1986 年人民银行在上海等中心城市开始试办再贴现业务以来，再贴现业务经历了试点、推广到规范发展的过程。再贴现作为中央银行的重要货币政策工具，在完善货币政策传导机制、促进信贷结构调整、引导扩大中小企业融资、推动票据市场发展等方面发挥了重要作用。1986年，针对当时经济运行中企业之间严重的货款拖欠问题，人民银行下发了《中国人民银行再贴现试行办法》，决定在北京、上海等十个城市对专业银行试办再贴现业务。这是自人民银行独立行使中央银行职能以来，首次进行的再贴现实践。

1994年下半年，为解决一些重点行业的企业货款拖欠、资金周转困难和部分农副产品调销不畅的状况，中国人民银行对“五行业（煤炭、电力、冶金、化工、铁道）、四品种（棉花、生猪、食糖、烟叶）”领域专门安排100亿元再贴现限额，推动上述领域商业汇票业务的发展。再贴现作为选择性货币政策工具为支持国家重点行业和农业生产开始发挥作用。

1995年末，人民银行规范再贴现业务操作，开始把再贴现作为货币政策工具体系的组成部分，并注重通过再贴现传递货币政策信号。人民银行初步建立了较为完整的再贴现操作体系，并根据金融宏观调控和结构调整的需要，不定期公布再贴现优先支持的行业、企业和产品目录。

1998年以后，为适应金融宏观调控由直接调控转向间接调控，加强再贴现传导货币政策的效果、规范票据市场的发展，人民银行出台了一系列完善商业汇票和再贴现管理的政策。改革再贴现、贴现利率生成机制，使再贴现利率成为中央银行独立的基准利率，为再贴现率发挥传导货币政策的信号作用创造了条件。适应金融体系多元化和信贷结构调整的需要，扩大再贴现的对象和范围，把再贴现作为缓解部分中小金融机构短期流动性不足的政策措施，提出对资信情况良好的企业签发的商业承兑汇票可以办理再贴现。将再贴现最长期限由 4 个月延长至 6 个月。

2008 年以后，为有效发挥再贴现促进结构调整、引导资金流向的作用，人民银行进一步完善再贴现管理：适当增加再贴现转授权窗口，以便于金融机构尤其是地方中小金融机构法人申请办理再贴现；适当扩大再贴现的对象和机构范围，城乡信用社、存款类外资金融机构法人、存款类新型农村金融机构，以及企业集团财务公司等非银行金融机构均可申请再贴现；推广使用商业承兑汇票，促进商业信用票据化；通过票据选择明确再贴现支持的重点，对涉农票据、县域企业和金融机构及中小金融机构签发、承兑、持有的票据优先办理再贴现；进一步明确再贴现可采取回购和买断两种方式，提高业务效率。

3. 中央银行贷款

中央银行贷款指中央银行对金融机构的贷款，简称再贷款，是中央银行调控基础货币的渠道之一。中央银行通过适时调整再贷款的总量及利率，吞吐基础货币，促进实现货币信贷总量调控目标，合理引导资金流向和信贷投向。自 1984 年人民银行专门行使中央银行职能以来，再贷款一直是我国中央银行的重要货币政策工具。近年来，适应金融宏观调控方式由直接调控转向间接调控，再贷款所占基础货币的比重逐步下降，结构和投向发生重要变化。新增再贷款主要用于促进信贷结构调整，引导扩大县域和“三农”信贷投放。

4. 常备借贷便利

从国际经验看，中央银行通常综合运用常备借贷便利和公开市场操作两大类货币政策工具管理流动性。常备借贷便利的主要特点：一是由金融机构主动发起，金融机构可根据自身流动性需求申请常备借贷便利；二是常备借贷便利是中央银行与金融机构“一对一”交易，针对性强；三是常备借贷便利的交易对手覆盖面广，通常覆盖存款金融机构。全球大多数中央银行具备借贷便利类的货币政策工具，但名称各异，如美联储的贴现窗口（Discount Window）、欧洲央行的边际贷款便利（Marginal Lending Facility）、英格兰银行的操作性常备便利（Operational Standing Facility）、日本银行的补充贷款便利（Complementary Lending Facility）、加拿大央行的常备流动性便利（Standing Liquidity Facility）、新加坡金管局的常备贷款便利（Standing Loan Facility），以及新兴市场经济体中俄罗斯央行的担保贷款（Secured Loans）、印度储备银行的边际常备便利（Marginal Standing Facility）、韩国央行的流动性调整贷款（Liquidity Adjustment Loans）、马来西亚央行的抵押贷款（Collateralized Lending）等。借鉴国际经验，中国人民银行于2013年年初创设了常备借贷便利（Standing Lending Facility，简称SLF）。常备借贷便利是中国人民银行正常的流动性供给渠道，主要功能是满足金融机构期限较长的大额流动性需求。对象主要为政策性银行和全国性商业银行，期限为1~3个月。利率水平根据货币政策调控、引导市场利率的需要等综合确定。常备借贷便利以抵押方式发放，合格抵押品包括高信用评级的债券类资产及优质信贷资产等。

5. 中期借贷便利

当前银行体系流动性管理不仅面临来自资本流动变化、财政支出变化及资本市场IPO等多方面的扰动，同时也承担着完善价格型调控框架、引导市场利率水平等多方面的任务。为保持银行体系流动性总体平稳适度，支持货币信贷合理增长，中央银行需要根据流动性需求的期限、主体和用途不断丰富和完善工具组合，以进一步提高调控的灵活性、针对性和有效性。2014 年 9 月，中国人民银行创设了中期借贷便利（Medium-term Lending Facility，简称 MLF）。中期借贷便利是中央银行提供中期基础货币的货币政策工具，对象为符合宏观审慎管理要求的商业银行、政策性银行，可通过招标方式开展。中期借贷便利采取质押方式发放，金融机构提供国债、央行票据、政策性金融债、高等级信用债等优质债券作为合格质押品。中期借贷便利利率发挥中期政策利率的作用，通过调节向金融机构中期融资的成本来对金融机构的资产负债表和市场预期产生影响，引导其向符合国家政策导向的实体经济部门提供低成本资金，促进降低社会融资成本。

6. 抵押补充贷款

为支持国家开发银行加大对“棚户区改造”重点项目的信贷支持力度，2014 年 4 月，中国人民银行创设抵押补充贷款（Pledged Supplemental Lending，简称 PSL）为开发性金融支持棚改提供长期稳定、成本适当的资金来源。抵押补充贷款的主要功能是支持国民经济重点领域、薄弱环节和社会事业发展而对金融机构提供的期限较长的大额融资。抵押补充贷款采取质押方式发放，合格抵押品包括高等级债券资产和优质信贷资产。

从中国人民银行对上述货币政策工具的定义以及定期公布的《货币政策执行报告》可以看出，中国货币政策很大程度上承担了经济调控的责任，意图使用货币政策达到经济刺激、扶贫、产业扶持与结构调整等诸多目的。

由于本书主要考虑货币当局的货币供给政策行为，因此主要考虑无风险利率，除货币当局在货币政策操作中使用的利率，本书将国债利率也视为无风险利率。对于大多数本国国民来说，只能毫无选择地相信现有政府是不会对本国民众发生信用违约的。

由于我国的货币供给量变化主要考虑产出未充分考虑避险资金等的需求，产出主要与交易动机资金相关，货币供应量根据产出制定不能充分考虑到国内谨慎动机、投机动机等的货币需求变化及国际资本流动等的变化，这就导致了货币供给在一定程度上不能适应货币需求。突然的货币供给不足将使得利率不合理上升，利率不合理上升将提升成本、降低生产，进而导致通货膨胀上升。产出增速下降的早期，货币供给量增速相应地下降，未考虑谨慎动机等所致的货币需求上升，使得经济下行时，货币供给的下行过快，在建项目无法立即缩减，从而资金紧张致利率上行。而利率上行导致资金成本上行并推动价格上升，因而，此阶段利率大幅上升，通货膨胀同样出现大幅上升。从我国2000年以来的每个三年短周期的数据都可以看到这样的特征，例如2007年9月至2008年4月、2010年1月至2011年7月、2013年3月至2013年年底均表现出货币供给量与工业产出增速下行、利率与通货膨胀上行的特征。货币供给的突然不足导致原有生产投资计划无法正常进行，从而形成过少的货物并提高通货膨胀。

从我国通货膨胀数据看，我国同样受到世界原油价格冲击的影响，2007年年初至2008年年初、2009年中至2011年中出现较高的通货膨胀，而期间采取的加息措施也使得通货膨胀进一步上升，而2007年中我国GDP数据就出现了下行。

2010—2016年，我国7天回购定盘利率基本维持在1年期国债收益率之上，部分阶段甚至高于1年期中债AAA级企业债收益率，工业产出始终维持在低位运行，过高的无风险名义利率水平不利于企业生产投资的正常进行。经过较长时期的调整，2016年中国无风险名义利率维持在2%左右的位置，是进入负利率目标制实施的好时机，可以通过缓慢持续地下降将无风险名义利率下降到能弥补现金管理成本的负利率水平。

【重要结论】

1. 中国货币政策很大程度上承担了经济调控的责任，意图使用货币政策达到经济刺激、扶贫、产业扶持与结构调整等诸多目的。

2. 我国的货币供给量变化主要考虑产出未充分考虑各种动机的资金需求，这就导致了货币供给在一定程度上不能适应货币需求。

3. 2016年中国无风险名义利率维持在2%左右的位置，是进入负利率目标制实施的好时机，可以通过缓慢持续地下降将无风险名义利率下降到能弥补现金管理成本的负利率水平。

• 全球货币政策的负利率目标制观察：为什么会出现全球性的负利率

尽管在笔者提出负利率目标制理论前，并没有一个国家实行真正意义上的负利率目标制，但部分发达国家在货币政策操作实践中还是出现了长期的无风险低利率甚至负利率。导致这一结果的货币政策操作主要有两方面的路径：一方面，通过降息或增加货币投放来刺激经济发展，因而出现了低利率；另一方面，通过降息或增加货币投放来维持或提高通货膨胀，因而持续了低利率。

先说上述第一种货币政策操作路径，即降息刺激经济发展。根据货币扩张可以刺激经济发展的传统理论，这些国家在经济危机之后实施了大规模的降息或增加货币投放的政策操作，这些操作使得利率下行。如日本 20 世纪 90 年代的房地产危机之后，美国等国 2008 年的金融危机之后，无风险利率下行至低位。

再说上述第二种货币政策操作路径，即降息提高通货膨胀。虽然货币政策历史上加息抗通货膨胀的操作较多，但也不乏降息提高通货膨胀的操作，经过降息刺激经济发展的一系列政策操作之后，利率下降到低位，与此同时通货膨胀也下降到了低位。根据本书提出的“负利率目标制”理论，利率的降低会导致生产商品所需的资金成本降低，因而利率的降低会降低商品价格。然而，传统理论却与“负利率目标制”相反，认为加息能减少货币降低通货膨胀，降息将宽松货币带来通货膨胀。基于这一逻辑，在经济危机之后进入低通货膨胀甚至通货紧缩的部分国家，没有了加息抗通货膨胀的必要，货币宽松政策得以持续，部分国家因为通货紧缩或较低的通货膨胀而进一步降息或增加货币投放试图提高通货膨胀，因而走不出低利率与低通货膨胀的死循环，使得低利率得以持续。

尽管世界各国依然对负利率存有疑问，并未将负利率视为长期的货币政策操作目标，但显然，货币政策的物价稳定目标对低利率的维持发挥了重要作用。负利率的到来有一定必然性：一方面，随着政策逐渐向公正透明的方向演变以及货币政策管理水平的提高，货币政策利率与政府筹资利率越来越向合理的无风险名义存款利率趋近；另一方面，随着资本积累的不断增加，社会越来越负担不起过高的异常利率溢价（这里的异常利率溢价指超过合理利率的那部分利率，这部分利率通常是因不合理的货币政策、财政政策、金融监管等导致的不公平分配）。

事实上，即使名义利率为正，倘若实体经济的利润率承担不起如此高的利率，必然会以提高物价的方式降低实际利率，使得储蓄者难以获得实际上的异常利率溢价。2008 年金融危机后的俄罗斯，名义利率显著高于美国，但实际利率却与美国实际利率相差不大，并没有出现比众多低名义利率国家明显高的实际利率。

名义利率的下降通过降低资金成本降低价格。因此，无论是否公开承诺实施通货膨胀目标制，无论其中经历了如何曲折的历程，也无论其中的操作手段如何，有一点是共同的，那就是成功实现低通货膨胀的国家，其无风险名义利率均经历了较大幅度的下降，最终都下降到了零附近。

尽管根据负利率目标制理论，低利率与低通货膨胀正是我们想要的，然而，急剧的利率变动使得实体经济无法及时做出调整，导致资金成本过高的企业无法顺利地通过产品价格的提升将成本转嫁给消费者，因而导致生产经营无法正常进行。无论急剧的加息还是急剧的降息均会干扰实体经济的正常运行。很显然，不当的货币政策加重了 2008 年的全球金融危机。由于 2008 年金融危机之后普遍的低利率与低通货膨胀并非遵循“负利率目标制”理论，而是在“货币宽松可以刺激经济发展”及“降息可以宽松货币提高通货膨胀”的传统理论指导之下，因此，尽管已经实现了低利率低通货膨胀，依然有众多货币政策的执行违背着实体经济规律，对经济的发展造成了阻碍。为了走出目前过低的通货膨胀水平环境，众多国家央行执行的资产购买政策远远超出了无风险市场，进入了风险市场，干扰了风险产品正常的市场定价。当央行超出了其作为一个货币发行机构的职能范围时，同时也承担了类似商业银行的投资风险。

【重要结论】

1. 名义利率的下降通过降低资金成本降低价格，成功实现低通货膨胀的国家，其无风险名义利率均经历了较大幅度的下降，最终都下降到了零附近。

2. 急剧的利率变动导致资金成本过高的企业无法通过产品价格的提升将成本转嫁出去，因而导致生产经营无法正常进行，加重经济危机。

3. 高名义利率并不意味着一定能给资金提供者带来更高的收益率，实体经济的利润率倘若不足以承担过高的资金成本，必然通过提高通货膨胀率降低资金提供者的实际利率使其成本得到弥补，因此，常年处于高名义利率中的俄罗斯，实际利率长期为负。

4. 降息提高不了通货膨胀，降息后进入低通货膨胀的部分国家为了脱离通货膨胀过低甚至通货紧缩的环境，实施了大规模的资产购买操作，甚至包括了风险资产的购买。过度的资产购买破坏了正常的市场定价，阻碍了实体经济的正常发展，各国央行应重新审核资产购买政策。

六　对世界各国货币政策的负利率目标制建议

• 负利率目标制和通货膨胀目标制的区别

通货膨胀目标制是一个货币政策框架，它的主要特点是公开宣布一个或多个时限内的官方通货膨胀的数值目标（或目标区间），同时承认稳定的低通货膨胀是货币政策的首要长期目标。负利率目标制下的货币政策中介目标是能弥补现金管理成本的负无风险名义利率，通过操作负利率目标达到货币供给适应货币需求的最终目标。

在负利率目标制的负无风险名义利率环境下，通货膨胀自动做出调整，使得货币贬值的幅度大约相当于存货储存成本率超过现金管理成本率的部分，由于正常经济环境下，储存成本率通常为一个为正的且较低的比率，因此，负利率目标制下，通货膨胀率通常为正的低通货膨胀率。这使得通货膨胀目标制的成功实施导致低的无风险名义利率，而负利率目标制通过负的无风险名义利率达到低通货膨胀，在正常经济环境下以及通货膨胀目标制顺利实施的情况下，两者在一定程度上是殊途同归的。

全球已有大量国家进入了低无风险名义利率、低通货膨胀的经济环境。纵观实现低通货膨胀的国家，有一个共同的特点，那就是低通货膨胀的实现均经历了货币政策主动降低无风险名义利率的过程。截止 2016 年年底的观察数据显示，美国从 20 世纪 80 年代初开始利率整体呈下降趋势，2009 年以后联邦基金利率、一年期国债利率维持在接近零的水平，CPI 同比在 4%以下。日本从 20 世纪 70 年代开始利率整体呈下降趋势，1995 年后一年期国债利率控制在 1%以下，大部分时间为接近零的水平，2016 年甚至进入负利率区间，1995 年以后 CPI 同比在 4%以下，围绕零上下波动。欧元区 2014 年后基准利率下降至零附近，一年期公债收益率为负。2014 年后调和 CPI 在 1%以下，围绕零窄幅波动。英国 2009 年后基准利率与隔夜国债回购利率控制在 0. 5%以下的水平，CPI 同比维持在 4%以下。加拿大 2009 年后隔夜回购利率控制在 1%以下，CPI 同比维持在 4%以下。瑞士 2009 年后 3 个月 LIBOR 利率下降到 1%以下，2014 年开始进入负利率区间，2009 年后消费者价格指数同比维持在 2%以下。

既然低通货膨胀与低利率如影随形，负利率目标制与通货膨胀目标制究竟有何区别呢？通货膨胀目标制将低通货膨胀率作为目标，但通货膨胀目标制提出的是一种框架，对于如何实现通货膨胀目标并没有可操作的方案，对通货膨胀目标究竟多大才是合理的并没有理论指导，对不同经济环境下低通货膨胀的数值目标的制定并无具体的标准，对通货膨胀目标无法准确达成以及特殊冲击情况下偏离低通货膨胀目标缺乏合理的解释。通货膨胀目标制成功实现的低通货膨胀，是各国货币当局在操作实践中通过失败与成功的反复尝试而最终得以实现的，且未来依然存在众多不确定因素。此外，在所有经济环境中是否都应该保持低通货膨胀，多低的通货膨胀是合理的，已经进入负利率的国家是否还应该继续降息，通货膨胀目标制是无法回答这些问题的。在通货膨胀目标制的历史操作经验中也发现，重大冲击到来时通货膨胀的不可控以及通货膨胀目标的准确实现存在困难。本书负利率目标制理论的提出解答了所有通货膨胀目标制以及以往货币政策操作中无法解答的疑题。不过，通货膨胀目标制的实施尽管存在诸多疑点，但无疑是负利率目标制理论提出以前最合理的货币政策框架。

本书负利率目标制理论的提出，为依然受到高通货膨胀困扰的国家提出了实现低通货膨胀的理论和操作方案，为已实现低利率、低通货膨胀的国家究竟该保持一个怎样的通货膨胀水平以及重大冲击到来时如何应对同样提供了理论依据。在正常的经济环境下，低利率必然实现低通货膨胀，然而，在重大冲击环境下，当毁损等导致的储存成本上升需要通货膨胀来转嫁时，较高的通货膨胀水平是合理的，货币当局为实现低通货膨胀的种种努力反而可能造成实体经济的混乱，阻碍经济的运行。因此，货币当局需要控制以及能够准确控制的是名义无风险利率目标而非通货膨胀目标，通货膨胀受到货币当局供给货币以外的其他诸多因素的影响。在最优无风险名义利率目标下，一国通货膨胀的高低或储存成本的高低究竟受何因素影响、是正常合理的因素还是阻碍经济发展的因素、有否改进的余地以及如何改进，这些问题我们还要从货币当局供给货币以外的原因里去寻找和解决，货币当局操作货币政策工具能控制的是最优无风险名义利率，无法控制更多。在既定的最优无风险名义利率下，通货膨胀自动调整，使实际利率调整到大约可以弥补储存成本的水平。负利率目标制可以实现正常经济环境下的低通货膨胀，此外，负利率目标制维持负利率目标允许异常经济环境下储存成本等的异常波动而导致的通货膨胀异常波动。

【重要结论】

1. 通货膨胀目标制的货币政策目标为低通货膨胀，对如何实现低通货膨胀并无可指导的操作理论与建议，对不同经济环境下的低通货膨胀数值目标的确定并无具体的标准。负利率目标制以弥补现金管理成本的负利率为货币政策中介目标，通过操作中介目标实现货币供给适应货币需求的最终目标。

2. 负利率目标制下通货膨胀会自动做出调整，使得实际利率大约相当于存货储存成本率，从而使得储存现金与储存货物不存在重大差异，由于正常经济环境下储存成本率通常为一个较低的比率，因而正常经济环境下负利率目标制的实施将实现低通货膨胀，但不同于通货膨胀目标制，负利率目标制下异常经济环境发生时因储存成本率等的异常波动而导致的通货膨胀率异常波动被认为是合理波动。

3. 价格的波动不完全由货币政策控制，为实现既定通货膨胀目标，实施通货膨胀目标制的国家常常进行利率与基础货币投放的频繁调整，这些调整违背实体经济规律，阻碍了实体经济的正常发展。

• 负利率目标制的实施结果

负利率目标制是一种货币当局供给货币的政策与操作机制。很多因素会影响货币供给的效果，但并不全是货币当局供给货币时所能控制的因素。例如，严格的财经纪律与金融秩序若能达到，对负利率目标制的实施效果无疑是积极的；反之，财经与金融监管的混乱，无论货币当局有多好的货币供给政策也难以达到货币供给、利率、价格的最优。然而，倘若要分析财政、金融等秩序对货币供给政策效果的影响，阐述最优的财政、金融政策，笔者恐怕得另外撰写一本书才能表达清楚。因此，下述讨论是假定其他因素正常合理的情况下，负利率目标制所能达到的结果。在一个开放的经济中，有两个关键的货币政策渠道：一个是通过利率起作用的操作渠道，另一个是通过汇率起作用的操作渠道。本书主要讨论通过利率起作用的操作渠道。

负利率目标制的实现究竟能为我们带来什么呢？在负利率目标制下，货币的供给最适应货币需求，因而能形成最优价格、最优利率，将货币供给与货币需求的不相适应对实体经济的不利影响降到最低。

负利率目标制下货币当局能直接影响的最优利率是最优无风险名义利率，在无风险名义利率达到最优的环境下通过市场机制调节风险溢价。最优无风险名义利率受到现金保管成本的影响，在经济不受到重大冲击的情况下，最优无风险名义利率通常为微低于零的水平。

负利率目标制下的最优价格使得货币适当贬值以弥补存货储存成本，在经济不受到重大冲击的情况下，最优通货膨胀水平通常为一个高于零的较低的数值。重大冲击会导致存货毁损等提高储存成本的因素，因而会提高通货膨胀。不当的财政政策、金融监管、产业政策等均可以认为是对经济的不正常冲击。不当的财政政策、金融监管等造成的经济结构失衡加重实体经济中的损失，其导致存货毁损等提高储存成本的因素无异于战争、灾难等造成的存货毁损。因此，在公平正义的社会环境、良好的财经纪律与金融监管等条件下，负利率目标制将实现低通货膨胀。

【重要结论】

1. 在负利率目标制下，货币的供给最适应货币需求，因而能形成最优价格、最优利率，将货币供给与货币需求的不相适应对实体经济的不利影响降到最低。

2. 重大冲击会导致存货毁损等提高储存成本的因素，因而会提高通货膨胀。不合理的财政政策、金融监管、产业政策等均可以认为是对经济的不正常冲击，其造成经济结构失衡、导致存货毁损等提高储存成本的因素类似于战争、灾难等造成的存货毁损。

• 负利率目标制的操作建议

伯南克等人所著《通货膨胀目标制：国际经验》一书指出："即使在过去20年执着地追求低通货膨胀的德国银行和瑞士国民银行，可能为它们获得了最大的可信度，它们也只是在付出就业和产出的较高的成本的情况下降低了通货膨胀（Debelle and Fischer，1994；Posen，1995a）。"那么，负利率目标制的实施是否也会造成上述经济损失，如何实施才可以避免这种损失呢？

货币政策急剧的转变会干扰实体经济的发展，因此，造成就业与产出损失的不是通货膨胀目标制本身，而是通货膨胀目标制的不当实施过程。不实行通货膨胀目标制或未实行低通货膨胀的国家，货币政策的急剧转变同样导致了就业与产出的损失，本书详细阐述过加息抗通货膨胀的经济损失。因此，负利率目标制的不当实施也会造成经济的损失，为了避免这种损失，我们需要研究货币政策的转变是怎样干扰实体经济的发展的，从而给出负利率目标制的合理操作建议。

为了让读者清晰地看到这种干扰过程，更充分地理解其中的逻辑，先观察截止2016年年底的以下经济数据，笔者再做总结。

美国20世纪70年代以来最大幅度的三次失业率提升分别是：第一阶段的1973—1975年，从1973年10月的4.6%上升至1975年5月的9%，上升了4.4%；第二阶段的1979—1982年，从1979年5月的5.6%上升至1982年12月的10.8%，上升了5.2%；第三阶段的2007—2009年，从2007年5月的4.4%上升至2009年10月的10%，上升了5.6%。其中第三阶段为失业率提升幅度最大的阶段，对应美国2008年金融危机的急剧降息，这次降息开始于2007年6月直至2008年12月无风险名义利率下降至接近零的水平，联邦基金利率从2007年6月的5.31%下降至2008年12月的0.14%，并在此后维持较为稳定的接近零的水平。第二阶段是美国货币政策的重大转变时期，由于遵循了加息抗通货膨胀的错误理论指导，美国联邦基金利率一度上升到1980年12月22%的历史最高位，此后开始了长期的降息过程。第一阶段失业率的大幅上升同样发生于大幅加息试图抗通货膨胀之后。第一阶段与第二阶段的两次大幅加息均导致了联邦基金利率大幅高于穆迪 AAA 级企业债收益率，关于加息抗通货膨胀的误解本书有专门章节详细阐述，这里不再赘述。大幅加息导致了企业无力承担过高的资金成本，因而生产投资无法继续进行下去，从而形成上升的失业率。

英国 20 世纪 70 年代以来最大幅度的三次失业率提升（失业率指标数值采用的是英国公布的男性与女性失业率数据的平均值）分别是：第一阶段的 1979—1986 年，从 1979 年 11 月的 3.5%上升到 1986 年 8 月的 10.15%，上升了 6.65%；第二阶段的 1990—1992 年，从 1990 年 5 月的 4.95%上升到 1992 年 12 月的 9.45%，上升了 4.5%；第三阶段的 2008—2009 年，从 2008 年 4 月的 2.3%上升到 2010 年 1 月的 4.8%，上升了 2.5%。其中第一阶段为失业率上升幅度最大的阶段，发生于 20 世纪 70 年代以来英国历史上最大幅度的一次加息之后，英国英镑同业拆借利率一度在 1980 年 1 月达到 21.5%的历史最高点，此后转入下降。名义利率的大幅提升导致企业无法承担过高的资金成本而无法继续生产经营，因此失业率大幅提升。第二阶段失业率的大幅提升发生于英国 20 世纪 70 年代以来历史上仅次于第一阶段的名义利率大幅波动之后，名义利率先是大幅提升，然后从 1989 年

10月以后转入急剧的下降阶段。第三阶段失业率的大幅提升发生于英国20世纪70年代以来历史上幅度第三的降息活动，开始于2007年8月的降息自2008年9月6%的水平开始急剧下降，直至2009年下降至接近零的水平，并在此后维持较为稳定的接近零的水平。

日本20世纪70年代以来最大幅度的三次失业率提升分别是：第一阶段的1970—1987年，从1970年6月的0.9%上升至1987年3月的3.2%，上升了2.3%；第二阶段的1990—2003年，从1990年12月的1.9%上升至2003年4月的5.8%，上升了3.9%；第三阶段的2007—2009年，从2007年12月的3.5%上升至2009年9月的5.4%，上升了1.9%。其中第二阶段为失业率提升幅度最大的阶段，对应日本因1990年房地产危机的大幅降息，这次降息开始于1990年直至1995年无风险名义利率下降至接近零的水平，并在1995年后维持较为稳定的接近零的水平，由于企业以高名义利率筹集资金实施生产投资到产品生产出来对外销售回收投资资金需要较长的时间，利息成本转嫁相对于生产与投资的滞后使得失业率的提升会有一定滞后，因此1995年维持稳定的无风险名义零利率后失业率持续上升了一段时间。第一阶段同样是日本无风险名义利率的大幅波动期。由于日本早已在1995年实现无风险名义利率接近零的水平，此后的波动基本都在0%至1%的区间内，2016年后进入负利率区间，因此，尽管2008年金融危机期间日本无风险名义利率的下降幅度是1995年以来最大的，但总的来说名义利率水平的下降并不多，尽管受到金融危机的影响失业率有较大幅度上升，但相对于另外两次上升幅度要小一些，相对于美国、英国等国上升幅度也较小。

欧盟成立于1993年，因此数据期相对短一些。自欧盟成立以来，失业率最大幅度的一次上升是2008—2013年，失业率从2008年3月的3.2%上升到2013年6月的12.1%，上升了8.9%。此期间对应欧盟成立以来最急剧的一次降息，隔夜利率从2008年8月的4.3%下降至2009年8月的0.35%，此后基本维持在1%以下。

加拿大隔夜回购利率从2007年11月的4.55%下降到2009年5月的0.22%，此后基本维持在1%及以下的水平。2008年2月至2009年8月，加拿大15岁及以上人员失业率从5.8%上升至8.7%，上升了2.9%。

俄罗斯失业率从2008年5月的5.4%上升至2009年2月

的9.4%，上升了4%，此期间为俄罗斯的大幅加息阶段。俄罗斯2014年的大幅加息后，失业率尽管只出现了小幅上升，但此期间美国、日本、英国、欧盟等国失业率都是大幅下降的。而加拿大失业率虽然没有明显的下行，但加拿大隔夜回购利率为2009年以来的最大一次下降，不过总的下降水平不足1%。

从上述分析可以看到，造成实体经济混乱的货币政策急剧转变并非大幅波动的货币供给量，而是大幅波动的货币政策利率。当名义利率的急剧转变导致名义资本成本的急剧转变时，造成了不同实体经济企业短期内因筹资时点不同而发生资本成本的巨大差异，从而导致不公平的资源配置。这种不公平的资源配置扰乱实体经济正常的产品竞争关系，使得部分真正具有管理优势的企业因货币政策的非预期调整而导致无法继续生产经营，而部分企业的胜出并不源于自身的竞争力，仅仅是因为侥幸获得较为低廉的资金成本，从而降低整体经济的效率。因名义利率的急剧变动导致筹资利率过高的企业由于无法将资金成本转嫁出去，因而生产经营不得不减少甚至停止，这就导致了失业率的上升。由于日本早已在1995年实现无风险名义利率接近零的水平，2008年的金融危机期间日本降息幅度不大，尽管受到金融危机的影响失业率有较大幅度上升，但相对于在金融危机期间大幅降息实现接近零的无风险名义利率的美国、英国等国，其失业率的上升幅度要小得多。经济周期的变化本身会带来失业率的波动，然而从上述国家经济数据可以看到，相对于制造业工业生产指数的波动对失业率的影响，货币政策利率的大幅波动对失业率的影响要大得多。经济周期的变化带来的实体经济的波动是渐进的、较为可预期的，因而对就业的影响较小，而货币政策利率的大幅波动是急剧的、不可预期的，严重违背实体经济规律，因而造成更为严重的失业状况。

综上，由于货币政策利率的急剧变动会扰乱实体经济秩序，因此，负利率目标制的实施应缓慢渐进地执行，对当前货币政策利率较高的国家而言，应通过较长一段时期的向下调整，逐步实现负利率目标。负利率目标一旦达成，将使货币政策对实体经济的不当干扰降到最低。从历史数据看，实现稳定的接近零的无风险名义利率的世界各国，普遍享受到了失业率下行的好处。俄罗斯虽未实现低无风险名义利率，但2005—2007年、2010—2013年回购利率维持稳定在6%左右，失业率也是下行的。

【重要结论】

1. 当名义利率的急剧转变导致名义资本成本的急剧转变时，造成了不同实体经济企业短期内因筹资时点不同而发生资本成本的巨大差异，从而导致不公平的资源配置。这种不公平的资源配置扰乱实体经济正常的产品竞争关系，降低整体经济的效率。因名义利率的急剧变动导致筹资利率过高的企业由于无法将资金成本转嫁出去，生产经营不得不减少甚至停止，这就导致了失业率的上升。历史上各国货币政策操作利率大幅波动时均出现了失业率的大幅上升。

2. 负利率目标制的实施应缓慢渐进地执行，对当前货币政策利率较高的国家而言，应通过较长一段时期的向下调整，逐步实现负利率目标。负利率目标一旦稳定达成，将使货币政策对实体经济的不当干扰降到最低。

• 负利率目标制的数据检验

本书基于储存成本的负利率目标制理论提出，要使持有货币与持有货物之间不存在重大差异，则实物的名义价格需要上升以弥补货物较高的储存成本。在正常经济时期、战争及自然灾害等重大冲击时期、能源价格冲击等到来时，储存成本受到不同的影响，因此名义价格的变化会有所不同，下面我们看看不同经济环境下的这种名义价格变化。

在正常经济时期，即不存在重大异常冲击时，货物的储存成本通常处于一个较低的水平且维持较为稳定的状况，因此，负利率目标制形成最优无风险利率提供最优货币供给的环境下，通货膨胀会进入一个较低的水平。截止 2016 年年底的历史数据表明，低通货膨胀下的货币政策利率、国债利率接近零甚至略低于零。2009 年后，美国进入低通货膨胀与联邦基金利率接近零利率阶段；澳大利亚为低通货膨胀阶段，银行间利率逐步下降向零靠近；加拿大进入低通货膨胀与短期国债利率接近零的阶段；欧盟进入低通货膨胀与短期公债利率接近零的阶段。2015 年意大利进入低通货膨胀与零国债利率，德国进入低通货膨胀与负国债利率。

战争导致经济中资源、产品等大量的毁损以及人工、材料等成本的大幅上升，即储存成本的大幅上升，因此，战争期间名义价格即通货膨胀率会大幅上升。米尔顿·弗里德曼在《美国货币史》一书中描述第一次世界大战期间的美国货币数据如下：“在整个 1914 年，货币存量一直缓慢上升，到 1915 年年初开始加速增长，从 1915 年末期到 1917 年中期，与价格一样，它以最快的速度增长，而后在 1918 年年底前再次恢复快速增长，并先于价格开始增长。货币存量在 1920 年 6 月达到了顶峰，其规模大概是 1915 年 9 月的 2 倍，比 1914 年 11 月联储银行成立时的两倍还多。我们只有向前追溯半个多世纪到南北战争时期，或者向后延展四分之一世纪到第二次世界大战时期，才能再次找到价格和货币存量如此快速和长期增长的时期。”从南北战争、第一次世界大战、第二次世界大战期间的美国货币与价格数据可以看到，战争期间通货膨胀的大幅上升与本书提出的负利率目标制理论是相符的，战争导致储存成本的上升，储存成本的上升需要更高的通货膨胀来弥补。此阶段通货膨胀的上升是合理的，不应由货币当局控制，如果货币当局人为大幅减少货币量来控制通货膨胀，只会导致不公平的资源重新配置，阻碍实体经济的运行。同战争一样，地震等自然灾害的重大非正常冲击也会导致实物资产的重大减值损失，这也会导致名义货币相对实物资产的价格下降即货币贬值，因而提高通货膨胀。

当货币当局直接发行货币弥补财政赤字时，财政使用发行的货币形成对市场上货物的购买行为，导致储蓄者持有的货币对应的货物减少，如同战争与自然灾害发生时，由于货物的大量毁损，持有货币者其货币所对应的货物减少，因而形成上行的通货膨胀。米尔顿·弗里德曼在《美国货币史》一书中指出："第一次世界大战期间，尽管赋税上升了，在交战激烈时期，政府的一般收入与支出相比仍严重不足，并且这种情况持续到1918年11月停战后，且贯穿了1919财年的剩余时间。联邦政府的巨额赤字都是通过借款和货币发行筹集的。联储实际上成为政府债券的销售窗口，其货币权力几乎完全服务于此。"

能源价格冲击到来时，由于上游资源的垄断性以及大宗商品的国际投资品属性，能源价格非一国所能控制，因此，其对储存成本的影响及名义价格的影响也非一国货币当局所能控制。

当能源价格上升时，以上升的能源成本生产的产品需要通过价格上升将成本转嫁给消费者。从储存成本的角度来看，能源价格的上升也会导致储存场地、设备等成本的上升，因而，需要较大的货币贬值来弥补储存成本。因此，面对重大冲击的不可控，执行通货膨胀目标制的世界各国使用的通货膨胀目标并非都是一般通货膨胀，而是对其进行了调整。沿用《通货膨胀目标制：国际经验》中的表述，新西兰通货膨胀所依据的价格指数被设计成排除了供给冲击的首轮影响，因此测量的是基底通货膨胀（Underlying Inflation）。新西兰统计局公布消费者价格指数，该指数剔除了利率变化对生活成本的首轮影响。这一指数经过新西兰储备银行的进一步修订，剔除了来自贸易条件变动、能源与商品价格变化、政府收费与间接税的变化以及由一些其他有较重要影响的价格变化所引起的第一轮冲击。

通过大量的数据观察与历史验证，我们确信，负利率目标制理论是符合实体经济运行规律的，能使货币供给更好地适应货币需求，从而将货币对实体经济的干扰降到最低。负利率目标制有利于实体经济的良好运行，从货币政策所能影响的限度内实现最优的经济增长与就业。

【重要结论】

1. 在正常经济时期，即不存在重大异常冲击时，货物的储存成本通常在一个较低的水平维持较为稳定的状况，因此，负利率目标制形成最优无风险利率提供最优货币供给的环境下，通货膨胀会进入一个较低的水平。

2. 战争、灾难等导致经济中资源、产品等大量的毁损以及人工、材料等成本的大幅上升，即储存成本的大幅上升，因此，战争期间名义价格即通货膨胀率会大幅上升。

3. 当能源价格上升时，以上升的能源成本生产的产品需要通过价格上升将成本转嫁给消费者。从储存成本的角度来看，能源价格的上升也会导致储存场地、设备等成本的上升，因此，需要较大的货币贬值来弥补储存成本。

七　负利率来了，我们怎么办

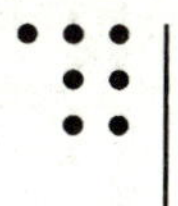

• 负利率目标制对投资品价格的影响

投资品价格的变化受到多种因素的影响，利率仅仅是其中一个变量。不仅如此，利率变化对投资品价格的影响又涉及实体经济基本面、资金面、投资者情绪等诸多传导路径，而每一个传导路径又非常复杂。因此，对于大多数投资品我们都不能用利率变化去简单判断绝对价格的涨跌，然而，我们可以分析利率变化对投资品价格的影响成因，从而对投资品价格做出更准确的判断。

利率在资产定价中发挥着很重要的作用，当使用利率对未来现金流进行贴现计算资产价格时，利率是作为分母起作用的。因此，假定未来现金流不变，利率上升时，对未来现金流贴现计算的资产价格会下降，而利率下降时，对未来现金流贴现计算的资产价格会上升。当然，对于大多数资产而言，利率变化也会引起未来现金流的变化，不过，人们往往更关注已经发生的事情，习惯用已知推断未知、用历史推断未来，因此，利率变化往往会引起资产价格超过应有的波动。

就证券投资而言，主要投资品种有股票、债券、基金、金融衍生产品等，而这些投资品种又与各种具体的行业相关，比如石油行业，有石油生产企业的股票、石油生产企业发行的债券、投资石油企业的基金、投资原油商品的基金、原油商品期货等。投资者往往需要在各种类型证券之间做出选择进行投资，即实施资产配置，丰富的金融产品为不持有大规模资金的普通投资者投资各种不同类型的资产提供了方便。就最佳投资收益而言，自然是在股票收益率最好的时候持有股票，在债券收益率最好的时候持有债券，在大宗商品收益率最好的时候持有大宗商品，不过，做出如此最佳的选择恐怕很难，且大量投资者没有足够的时间与资金去做这样的选择，投资分散于不同资产以降低风险是每一个投资者都要考虑的问题。

尽管利率下行通常倾向于提高资产定价的价格，但负利率的实施对不同投资品价格的影响有所不同。投资者需要重新考虑以何种方式储存自己的财富更为合理，是简单地进行现金储存，还是以持有企业股权的方式投资企业或经济，或是进行其他投资品种的投资。

• 负利率目标制下的贵金属投资

贵金属投资主要是指对黄金、白银等投资。尽管贵金属已不再是我们日常交易中使用的货币，但是贵金属具有各种不同体积大小的制成品，并且单位体积具有较高的价值，这使得即使是普通大众也可以持有作为财富储存的手段，再加上贵金属在人类历史上无法撼动的货币地位以及当今的国际储备地位，贵金属成为人们纸币替代的首选。负利率的实施必然引起贵金属价格的波动。

贵金属之贵并不在于其有多高的工业价值，而是由于其稀有以及受到人们的追捧，黄金尤甚。在黄金充当货币以前，其作用主要用于装饰，在各种仪式中充当宣扬权力、财富、威望等的工具。在古埃及，使用黄金是一种王室的特权，在众人的膜拜中，法老采用与装饰众神一样的材料，承担类似于上帝的角色，达到显示王权神圣的目的。虽然金冠戴在头上很沉重，但君王们还是愿意在各种仪式中佩戴，而不会选择用某些轻便的材料来代替。除了黄金的工艺美与象征价值，由于黄金的耐久性、高密度等易于保存的特征，使得其在古代就充当着储藏财富的手段。

当人们从事商业交易的时候，货币便产生了。在由廉价的纸张制成的现代信用货币纸币产生以前，货币有过很多的形式，比如牛、奴隶、香烟、贝壳等。铸币的产生则是重要的货币发明，在货币历史上占据了不容忽视的地位。黄金铸币又以其目眩的纯度、较高的密度、广泛的欢迎度、良好的柔韧性、较高的稀缺性等在铸币中获得了最高的地位。黄金铸币的发展，推动了黄金在民间的流通和大规模的需求。而另一种贵金属白银，在货币史上与黄金的关系紧密相连，在历史上的大多数时期，白银的价值约为黄金价值的 5% 至 10%，即白银与黄金的交换率大约为 20：1 至 10：1。古埃及人制定的白银与黄金的交换比率为 10：1，美国、英国、法国等国在金银复本位制时期都采用过 16：1 至 15：1 的比率。

据历史记载，吕底亚人是我们知道的最先懂得铸造和使用金、银货币的民族。吕底亚人在货币和贸易方面的创新与其地理位置有很大的关系，吕底亚位于淤积沉淀沙金的巴克图鲁斯河沿岸，这提供了以金作为货币的原料来源。吕底亚首都萨帝斯地处连绵约 2 735 千米、横跨东西方、连接爱琴海和幼发拉底河乃至远东的交通要道上，这为贸易的发展带来了极大的便利。吕底亚的铸币制造过程在克洛伊索斯时期达到顶峰，克洛伊索斯实行货币体系的复本位制，这一制度，在随后历史中的大多数时期的许多国家得以实行。如同古埃及人一样，克洛伊索斯规定白银与黄金的兑换比率为10：1，这一比率还在其他历史时期采用过，例如马其顿王国的菲利普和亚历山大时期等。复本位制具有非常实用的功效，但是，由于黄金与白银不仅是货币还是商品，随着时间的变化，两种商品必然受到供求的不同影响发生相对价格的变化，因此，建立在两种贵金属之上的货币制度极不稳定，固定的兑换比率难以维持。

由于黄金是一种商品货币，黄金货币的多少依赖于用于制造货币的黄金原料的多少，不像纸币可以随意加印，这就导致了黄金的供给日益满足不了需求。尤为显著的是战争时期，众多国家财政资金不足以满足战争支付，这就只能以加印信用货币的方式变相征税，使得纸币相对黄金不断贬值，或者说黄金相对纸币的价值不断提升，从而导致金本位制难以实施下去。例如美国内战时期发行了大量“绿钞”（美国流通券）筹集战争经费，英国受第一次世界大战规模巨大的融资需求影响，因纸币激增等被迫中止了英镑纸币与黄金的兑换。战后这些国家也曾经试图恢复黄金与纸币的兑换关系，但如本书负利率目标制理论所指出的，货币供给应适应货币需求，人为地调整货币供给导致货币供给不能适应货币需求必然扰乱实体经济的运行秩序，因此，试图恢复黄金与纸币兑换关系的操作造成了经济混乱，最终黄金与纸币的固定兑换关系难以为继。

尽管金本位制或金汇兑本位制早就成为历史，黄金的货币地位大大下降，然而，黄金依然是一种重要的国际储备，只要黄金的易变现特征还在，黄金就依然是人们财富储存的重要手段，是在动荡时期获得安全感的重要手段。因为黄金的化学属性稳定，所以能够历经岁月的洗礼、大自然的侵蚀、气候的变幻和人类的权变。在不确定性遍布和令人恐惧的岁月中，储藏黄金的行为贯穿了大部分历史，无论是人们战乱中掩埋后院的金币、还是古代权贵们死亡时随葬的金制器物，都显示出黄金在人们心中难以撼动的地位。

20 世纪 60 年代以来，黄金经历了两次大幅上涨的行情。第一次是美元与黄金之间固定兑换比例被打破而导致的黄金价格上行，另一次则是低利率或负利率的稳定实施而导致的黄金价格上行。

美元与黄金之间固定兑换比例被打破而导致的黄金价格上行开始于20世纪60年代，其触发事件即布雷顿森林体系的解体。1944年7月，美国邀请参加筹建联合国的44国政府的代表在美国布雷顿森林签订《布雷顿森林协议》。根据布雷顿森林体系，美元直接与黄金挂钩，各国货币则与美元挂钩，并可按35美元一盎司的官价向美国兑换黄金。1965年3月约翰逊总统签署了取消银行储备与黄金挂钩的法案，1968年黄金的价格大幅上升，1969年3月10日达到43.83美元，此后黄金价格下行至1970年1月重回35元，1971年《史密森协定》后美元与黄金挂钩的体制名存实亡。布雷顿森林体系解体后，1971—1981年10年间经历了黄金价格的大幅上行。1971年《史密森协定》后黄金的美元价格大幅上行，即美元相对黄金贬值，美元脱离黄金的名义锚后向其本来的价值回归本是正常的经济现象，但实际上，黄金迎来的是一轮非理性的上涨，美元相对黄金的贬值幅度远远超过了其应有的限度。1970至1981年美元指数整体上是下行的，美国国际收支头寸数据显示美国持有的黄金资产占美国海外资产比例上行、外国持有的美元资产占美国海外资产及外国在美国持有的资产比例下行，美国黄金资产占官方储备资产的比例也显著上升。

低利率或负利率的稳定实施而导致的黄金价格上行开始于21世纪初，其主要触发事件是日本、美国等国在经济危机之后实施的低利率环境。金本位在世界货币史上发挥了重要作用，同时黄金的贵金属地位也深入人心，其贵金属性质及易保存、易变现的特征使得黄金长期被人们作为纸币储蓄的替代物，黄金的这一特征使得货币政策对黄金价格的影响大于对其他大宗商品价格的影响。低利率或负利率的稳定实施使得持有货币的吸引力大幅下降，同时人们对经济危机与通货膨胀的担心也加大了人们持有黄金的动机，如我们在前文中所阐述的，黄金是人们在动荡期获得安全感抵御恐惧的重要手段。

从美国经济数据看，2000年以前，无风险名义利率基本是黄金价格的滞后指标，这与当时的货币政策有一定关系，也就是说，因为黄金的价格变化或经济中其他变量的变化影响了经济中的利率变化及货币当局所操作的利率变化，因此，将黄金与利率间的关系作为利率变化影响贵金属价格变化的判断依据不具有说服力。2000年以后的日本及2008年金融危机以后的美国等发达国家明确的低息措施则不同，无风险名义利率的下降具有一定的独立性，既不依赖于贵金属价格也不依赖于工业生产。

2000 年以后，受日本的低息政策等的影响，黄金价格即进入上行通道。2008 年金融危机期间有小幅调整。2008 年金融危机之后，全球众多发达国家向低利率或负利率的环境转变，货币政策利率长期大幅下行伴随着黄金价格的大幅上涨。作为货币的替代，货币政策利率的降低使得持有货币的吸引力大幅下降，而持有黄金的吸引力则大幅上升，同时投资者对货币贬值的恐慌情绪也加大了黄金价格的涨幅。在“负利率目标制”理论提出以前，人们认为低利率甚至负利率的到来意味着过度发放货币，会大幅提高通货膨胀水平，造成资产与商品价格的普遍上涨。不过，在这种转变结束之后，低利率或负利率环境维持不变，利率下行对黄金价格的影响也就不复存在。此外，如前文所提及的，受制于广大投资者有限的投资判断能力，金融产品价格的波动远大于实际应有的波动，黄金价格非理性的大涨结束后必然发生调整。另一种重要的贵金属白银的市场表现与黄金类似。

• 负利率目标制下的原油等其他大宗商品投资

原油资源在现代生活中的不可或缺性以及地区储量不均衡的特征使得其作为一种战略资源受到世界各国的高度重视，为控制原油而导致的世界争端频发。石油资源是有限的，但没有人知道其有限到什么程度，由于在不同历史阶段的技术水平下对石油储量的估计不同，使得各种理论甚至包括有目的错误理论混淆着人们的视线，使人们无法做出正确的投资判断。

据威廉·恩道尔在《石油战争：石油政治决定世界新秩序》一书中记载，1956 年，马里昂·金·哈伯特发表了一篇名为《石油峰值》的论文，声称石油是化石燃料，是五亿年前埋在地下的恐龙及藻类等生物经生化反应而成，油田的产量呈钟形曲线模式，一旦超过了峰值，产量就会不可避免地下滑，并预测美国石油产量将在 1970 年达到顶峰。这一理论在当时具有很大的影响力，石油峰值论是典型的石油危机学说，带来人们对石油枯竭的恐慌。不过，这一理论存在明显的错误，事实上，迄今为止，世界原油探明储量一直处于稳步上升中。20世纪50年代，苏联科学家就提出了石油的非生物起源或无机成因理论，事实上，苏联科学家的确根据这一理论勘探到了丰富的油田，原以为是石油荒原的西伯利亚其实原油储量丰富，目前的俄罗斯也是世界重要的石油出口国。1989年，哈伯特在去世前不久的一次访谈中承认，自己用来估算美国石油储量的方法与科学毫无关系，他说："他们（美英石油巨头）要求我做的，就是一定要估算出石油的最大储量……我必须变成权威，而且别无选择，只能画出石油峰值的曲线，还要表现得信心十足。这就是事情的真相。相关曲线都是臆想出来的，我只是大概估算了一下，随手一画，如果觉得数值太高，就把线画低点，反之就画高点。除了根据曲线本身计算某段时间的石油产量之外，根本不涉及任何数学问题。"

除油田的不断被发现，石油开采技术的进步也影响着人们可以获得的石油多少，莱昂纳尔多·毛杰里在《石油！石油!》一书中指出："因其复杂的特质，即使经过长期密集的钻孔，油藏总会保留一部分碳氢化合物。这意味着，那些不产石油或者被认为已枯竭的油田仍然含有或多或少的碳氢化合物，只是现有的技术开采不出来而已。除了内部压力和技术外，其他一些客观因素也会影响石油开采的难易度，比如油藏岩石的孔隙率、产层厚度，以及每个岩层内部的水饱和度。今天，世界平均石油开采率是估计的原油地质储量的35%，这就意味着只能把100桶中的35桶带到地面。随着统计数据的不断出现，可以发现这些数字存在巨大的差异。比如，在波斯湾的很多国家和俄罗斯联邦，开采率不足20%；相反，在美国和北海，这个指标可能超过50%。”

尽管石油枯竭的危机尚不会到来，但作为不可再生资源的原油，其有限性依然不容忽视。人们从来没有停止寻找更好的能源，不过，氢气生产、储存、运输等的高成本，前景依然疑雾重重的页岩气革命等，相比较于原油的低成本与成熟技术，显然我们还没有发现另一种能源具有足够的竞争力来替代原油。

财富的储存从来都是个问题。现代制造业发展到一定阶段，储存的大量存货并非处于初级阶段的自然资源，而是为特定用途而加工过的产品，一旦这种产品为特定目的而进行人为加工，加工程度越高，使用用途可能越狭窄，产生孳息的可能性越小，减值风险越大。如将树砍了变成木头，树在自然环境下生长的孳息不再有，而木头在储存过程中腐蚀、损坏等的风险增加了；如果将木头进一步做成一张桌子，木头做成其他用具的功能下降，储存桌子比储存木头减值的风险进一步上升。类似的例子很多，如建筑房子使用的建筑材料、制造车辆使用的金属等，除应对危机的战略物资，上游资源比下游消费品更适于长期储存。

约瑟夫·熊彼特在《经济发展理论》一书中将不同加工程度的货物定义为货物的位次，加工程度越低的货物位次越高，用途越广泛。“现在必须对这个事实加以考虑：当我们由低向高来看位次时，货物就变得越来越没有定型了。它们越来越失去自己的特殊形状，即预先决定其只作一种用途而不作其他用途的那些特性。在货物的位次上我们走得越远，货物就越来越失去自己的专门性，即为达到特定目的的效能：它们的潜在用途越广泛，它们的意义就越普遍。我们继续遇到越来越少的可辨别清楚的货物，单个的种类变得相应地包含越来越广，就像当我们沿着一条逻辑概念的系统由下往上走时，我们遇到的是数目不断减少、内容不断稀薄而包含范围则不断广泛化的概念。货物的家谱变得越来越单薄了。这只是意味着，我们选择的观察点离开消费品越远，居于第一位的货物就变得越来越多，它们都是来自居于较高位次的相同货物的”。显然，资源是位次最高的货物，具有最广泛的用途，因而其减值风险也较低，不易因为下游消费品的技术进步、消费习惯等的改变而丧失需求。

由于上游资源品更适合长期储存，且资本会择优而积累。当资本足够少时，有更多初级阶段的自然资源可以供资本投入；资本积累到一定阶段，自然资源必然不断受到挤占，如大规模的房地产开发、大量的工厂建设、矿产的不断被开采等。因此，资本积累会导致对有限的自然资源的竞争加剧，原油从来都是一种重要的适于长期储存的战略物资。本杰明·格雷厄姆曾于 20 世纪 30 年代提出建立国际商品储备货币制度，他选择的用于建立国际商品储备组合的 15 种商品就包括原油。这 15 种商品是根据当时的世界原料产值和贸易额情况，剔除易腐烂、交易不广泛、不易标准化等的商品，选出的最重要的商品，目前，这 15 种商品依然具有重要的国际贸易地位。

不过，不同于贵金属，原油是一种很重要的工业原料，和我们的衣、食、住、行息息相关。原油作为重要的工业原料的特征使得原油价格的波动受经济周期的影响较大。所以，长期看经济周期是大宗商品价格变化的主要驱动因素，但负利率的实施会对大宗商品价格施加额外的影响。我们在讨论负利率对消费品价格的影响时提出，降低利率会降低生产消费品的资金成本，因而会降低消费品价格的波动，为何降低利率不能以同样的道理降低资源价格的波动呢？笔者曾在《魔法村庄》一书中指出："因为供给的滞后性，使得处于产业链上游的能源等行业波动幅度较大，而处于产业链下游的消费等行业波动幅度较小。"此外，因为消费品的供给通常可以根据需求及时做出调整，生产更多的产品满足需求，而资源的供给不能根据需求做出同样的调整，虽然可以加大资源的开采力度，但其垄断特征与稀有性决定了其供给特征与消费品存在较大差异，不过资源的创新与发现等会对资源的垄断特征与稀有性形成影响。

1995 年开始日本国债利率下行至 1%以下，2001 年日本实施稳定的接近零的利率。从 1999 年至 2008 年金融危机爆发前，原油价格大幅上涨，尽管 2001 年与 2006 年受经济周期的影响原油价格有小幅调整，但不改变长期向上的趋势。

而2008年金融危机结束后，美国等众多发达国家实行低利率或零利率，世界原油价格再次经历了一轮大幅的上行。不过，如本书之前所阐述的，由于绝大部分投资者没有能力准确核算实际的影响，因此，负利率对心理的影响远大于实际的影响，导致的原油价格的波动远大于实际应有的波动。贵金属价格的变化同样如此，心理的影响要远远大于实际的影响，因而导致价格的波动远远大于基本面的波动。

● 负利率目标制下的股票投资

不同国家的负利率执行有所不同，不同国家的股指走势也有所不同。要分析负利率目标制下的股票投资，我们先看看截止 2016 年年底已实现接近负利率目标的国家的股指表现。

以美国联邦基金利率、一年期国债利率为例，从较短周期看，美国执行稳定的低利率前的利率大幅下行期从 2007 年 9 月至 2008 年 11 月，稳定的低利率时期从 2008 年 12 月至 2016 年年底。从较长周期看，1981 年以后进入美国利率的大幅下行期。受全球金融危机的影响，2007 年 9 月至 2008 年 11 月的利率大幅下行，美国标准普尔 500 指数同样发生了大幅下行，而 2008 年 12 月后进入了稳定的低利率时期，受益于经济基本面的改善，美国标准普尔 500 指数同样出现了上行。不过，尽管利率维持稳定，股指随经济波动而波动。表面上看，似乎看不到股指与利率间的对应关系，但是仔细分析会发现，2008 年 12 月后的稳定低利率时期，股指的表现要大幅好于经济基本面的表现。通过观察美国较长时期的经济数据，我们可以看到，1981 年美国利率大幅下行前的 10 多年时间是美国利率的大幅上行期，此阶段美国股指的表现是要差于经济基本面的表现的。1981 年以后进入利率的大幅下行期，股指的表现却是好于经济基本面的。由于股票与债券同样作为金融市场的投资品，债券的低利率甚至负利率使得其对投资者的吸引力下降，而股票，尤其有稳定盈利与分红的基本面良好企业的股票既具备低风险的特征，又具备类似存款的利息支付的特征，可以作为部分储蓄者在负的无风险名义利率后寻找低风险投资品的替代。相反，当名义利率过高时，从债券市场上可以获得稳定的高收益率，股票的吸引力也就会大大下降，如 20 世纪 70 年代利率大幅上行的美国。从美国 2008 年金融危机及其后的数据看，低利率或负利率的执行对于传统利率周期的改变主要是从稳定的低利率时期开始的，因为在此之前，利率与经济周期一样是呈现周期波动的，稳定低利率执行前的利率下行更多的是顺势而为，与上一周期的利率下行期并没有太多不同。稳定低利率的执行改变了利率周期，不同于以往随经济基本面上行而上行的利率，利率维持在低位没变，经济基本面的上行使得企业盈利改善，投资者也更为乐观，而低利率使得债券投资的吸引力进一步下降，因此，更多的资金向股市转移，使股指取得了超越经济基本面的改善。

以日本一年期国债利率为指标，日本执行稳定的低利率前的利率大幅下行期从1990年9月至1995年11月，稳定的低利率时期从1995年12月至2016年年底。利率大幅下行期是1991年开始的日本房地产危机爆发期间，此期间经济基本面大幅下行，日本股指日经225指数同样出现了下行，不过，由于这是日本当局货币政策操作的降息，1994年经济周期性改善时虽然利率继续下行，但是股指受经济基本面改善的影响有所上行。而稳定的低利率时期，股指随经济周期而波动。受房地产危机及1990年开始的过于急剧的降息等影响，1992—2002年10年的时间里日本失业率均处于急剧攀升的状态，且另一投资品房地产的价格也处于大幅下行中，这使得期间日本股指的表现并未超越经济基本面的表现，不过2003年后就业逐步恢复，股指的表现也逐渐转好。而1991年房地产危机爆发前的近10年时间（除去1989至1990年两年的利率上行期），利率大幅下行，经济高速增长，股指与房地产价格大幅上行，不过股指的表现要好于经济基本面的表现。

以英国基准利率、隔夜国债回购利率为例，短周期看，英国执行稳定的低利率前的利率大幅下行期从2008年9月至2009年3月，稳定的低利率时期从2009年4月至2016年年底。从较长一段时期看，英国的降息始于1990年，1990—1993年有一次大幅降息，1993—2008年新一轮大幅降息前利率是小幅波动的状态，在5%上下波动。1990年后的近10年时间，利率下行至较低位置然后维持稳定，英国股指伦敦金融时报100指数大幅上行，经济基本面改善，但股指的表现是要好于经济基本面的表现的。2009年4月后的低利率稳定期，股指的表现也是明显好于经济基本面的表现的。

以加拿大隔夜国债回购利率为例，加拿大执行稳定的低利率前的利率大幅下行期从2007年11月至2009年4月，稳定的低利率时期从2009年5月至2016年年底。由于利率大幅下行期为2008年全球金融危机期间，受经济基本面下行的影响，加拿大股指多伦多股票交易所300指数大幅下行。稳定的低利率时期股指与经济周期的波动较为一致，但股指的表现略好于经济基本面的改善。

以瑞士法郎三月期LIBOR利率为例，从短周期看，瑞士执行稳定的低利率前的利率大幅下行期从2008年9月至2009年3月，稳定的低利率时期从2009年4月至2016年年底，低利率时期有一次较大的利率波动，从2014年11月至2015年2月，从零利率快速下降至-0.85%。利率大幅下行期为金融危机期间，瑞士股指瑞士苏黎世市场指数同样处于大幅下行中。金融危机结束后，经济基本面上行，股指同样出现了上行，稳定的低利率时期，股指的表现略好于经济基本面的表现。从较长时期看，从1992年开始，瑞士法郎3月期LIBOR利率就进入下行趋势，从1992年5月至1999年6月利率从9%左右的水平下降到1%左右的水平，从1999年6月至2008年的利率大调整前，利率窄幅波动在2%上下，围绕2%向上向下波动1%左右的水平，相对高位时9%左右的利率，此时利率水平已不高。1992年5月至1999年6月最大的一次利率下行期，股指取得了较好的表现，尤其1997年至1999年，利率大调整的影响消除，失业率下行，利率稳定在1%至2%的区间内，股指的表现远远好于经济基本面的表现。

上述国家稳定低利率的执行期，股指的表现基本上都好于经济基本面的表现。不过，经济危机期间股指的表现普遍较差。

迄今为止，俄罗斯虽不是低利率或负利率的执行国家，然而，截止2016年年底的数据显示，俄罗斯回购利率仅在危机期间做大幅调整，平时基本为较为稳定的利率，尽管这个稳定的名义利率偏高。2008年6月至2008年12月、2014年6月至2014年12月是2000年以来最大的两次油价下跌，俄罗斯回购利率从2008年6月的6.79%上升到2009年2月的12%、从2014年6月的7.56%上升到2015年1月的17.44%。除加息后的降息行为，其他时间名义利率较为稳定，2005—2008年的利率稳定期，股指的表现是好于经济基本面的表现的。不过由于俄罗斯股指受原油价格的影响大，受2011年后的原油价格大幅下行影响，尽管2011年至2013年俄罗斯回购利率较为稳定，但是股指的表现并未超越经济基本面的表现。

• 负利率目标制下的债券投资

债券有着很多不同的种类。有的债券的期限较长，有的债券的期限较短。有的债券的利率是固定的，即票面利率预先确定，在偿还期到来前债券发行人向债券持有人承诺每年支付的利息不变；有的债券的利率是浮动的，即票面利率在设定的基准利率基础上加减一个价差，通常需要进行定期调整。有些债券含有选择权，有些债券存在信用风险。特定债券的收益率取决于债券不同的票面利率设定和调整条款、发行人的类型、经济状况等许多因素，在全球金融市场上，不存在一个共同的债券收益率。

债券的发行主体主要有中央政府、地方政府、企事业单位等，通常将以中央政府信用保证的债券利率视为无风险利率，如我们常见的国债等。发行主体不同，对债务的履约能力不同。因此，对于这类债务，投资者会要求一定的风险溢价来补偿可能发生的信用违约风险。不同经济阶段、同一经济阶段下的不同行业、同一行业内的不同企业的信用风险大小都可能不同，所需的风险溢价补偿也不同。由于货币政策操作的主要是无风险债券市场，负利率目标制的实施主要是对无风险利率的调整。不过，在同等风险溢价的情况下，无风险利率的下行会相应降低承担风险的债券利率。

不同的债券有不同的流动性。预期流动性越大，投资者要求的收益率就越低。如果不是以持有到期为目的，投资者就需要充分考虑债券是否有足够的流动性能够随时卖出。

利率的变化对债券价格或投资收益的影响要视具体情况而定，不能一概而论，限于篇幅，这里主要讨论利率固定的债券。对于不含选择权的无风险固定利率债券而言，利率和债券价格变化的方向正好相反。由于债券的价格是债券未来现金流量的折现，固定利率的债券按照本金的固定比例定期支付利息，也就是说不发生信用风险的情况下其未来现金流是确定的，对未来现金流量进行折现时，利率充当的是分母，在确定的未来现金流下，利率的变化与将这些现金流折现计算出来的债券价格的变化是相反的。因此，利率上行，存量债券价格下行，利率下行，存量债券价格上行。对尚未实行负利率的国家而言，负利率的执行过程必然要通过降低利率来实现，降低利率将导致存量债券价格的上行，尤其对于较长期限的固息债券而言，未来有较长时期将获得高于市场利率的利息现金流。因此，当前价格也就需要上升，使得该类债券的未来收益率无异于市场上新发行的其他债券的收益率。不过，负利率目标制带来的这种利率下行的投资机会大小需要视负利率的执行过程而定，笔者认为不宜过于急剧地降息，应缓慢地下行利率至负利率目标。

显然，利率的下行对债券投资收益有两方面的影响：一方面是由于利率下行导致的存量债券价格上升收益；另一方面是由于利率下行而导致的未来利息收益下行，债券投资需要视投资目的兼顾这两方面的影响才能做出正确的投资决策。

当然，上述主要讨论的是以本国货币发行的债券，不同币种债券还需考虑汇率变化等因素，限于篇幅这里不再展开。

• 负利率目标制下的房地产投资

房地产较长的耐用年限使得其常与人口一起作为长周期经济波动的重要研究对象，房地产周期具有一定的独立性，同时又受到一般经济周期的影响。房地产业具有庞大的规模，并非一般投资品能比拟，房地产的建造过程需要大量的材料、人工等的投入，影响着实体经济的各个环节，房地产危机一旦爆发就会对实体经济产生严重影响，往往会带来大的金融危机。因此，尽管股票、商品等的价格调整并不必然对应房地产价格的调整，但房地产价格的大幅调整往往同时会导致股票、商品投资价格的重大调整。我们可以看到，日本 20 世纪 90 年代的房地产危机、美国 2008 年的房地产危机都紧接着巨大的经济与金融危机。

房地产往往既是投资品又是消费品，房地产的耐用、易储存、较易变现的特征使得其很适合作为财富储藏的手段。同时，房地产在用途上又主要是居住，为较好地保证社会稳定、居民安居乐业的需要，国家为了经济的更好发展通常会对房地产投机实施某些限制。

就房地产的资产特征而言，房地产介于资源与消费品之间，既有土地资源的稀缺性因素与投资品相对消费品较易保存和较好的流动性特征，又有供居住使用及随时间的变化易发生自然损耗与使用损耗等一定消费品属性。

如本书所分析的，利率的下行降低消费品生产所需的名义资金成本，因而降低名义价格。而由于资源的稀缺性，利率的下行并不能使得资源的价格如消费品般因资金成本的下行而下行，反而由于资本竞争加剧可能导致资源价格上行。

由于资源与普通消费品两种因素的共同影响，20 世纪 90 年代房地产泡沫之后的日本，2008 年金融危机后的美国，稳定的低利率的实施均未带来房地产价格的大幅波动，房地产价格随经济周期的波动而低幅波动，其波动幅度介于资源与终端消费品之间。

● 在负利率大潮中逆流而上

负利率对我们的生活究竟影响有多大？我们只要大致算一算就能明白负利率是怎么样使你存在银行的钱变得越来越少的。假定年利率为-1%，你今天往银行存了 100 元，1 年后的今天你还剩下 99 元，2 年后的今天你还剩下 98.01 元，是不是为存款的快速下降而心慌？100 年以后的今天你的存款就归零了？还没这么严重，由于本金的下降，存款每年的下降金额会减少，100 年后的今天你还有 36.60 元，如此下去，458 年后的今天你还剩下 1 元，916 年后的今天你还剩下 0.01 元。

负利率似乎是个让人听起来不太舒服的新名词，长期以来货币都是生息资产，我们习惯了从银行取得利息回报。不过，不管这个词有多不舒服，面对全球负利率大潮的到来，无论当局、企业还是个人，都不能不了解负利率的本质，需要重新规划经济政策或筹资、投资行为。也只有了解了负利率的本质，才能顺利应对负利率的到来。

当然，上述说的是名义利率，是债券发行时所载明的利率，或者是银行大厅墙上挂的大牌子上写得清清楚楚的利率，总之是我们直观感觉到的那种。事实上，即使名义利率不是负，实际利率也可能是负的。虽然实际利率不如名义利率易察觉，但同样实实在在地影响着我们的生活。假定你今天的100元能买到100个苹果，未来的某一天，同样的苹果，100元可能只能买到50个苹果了，因为苹果的价格上升了。所以，即使名义利率大于零，你的存款在未来的购买力也可能会下降。不过名义的负利率往往更易受到普通大众的关注，因而引起市场投资品价格的较大波动。

负利率来了，我们的资产配置组合需要改变，我们需要了解负利率对股票价格、债券价格、贵金属价格、能源等其他大宗商品价格、房地产价格等的影响，做出新的投资决策。负利率对心理的影响远胜于实际的影响，因此，负利率将带来投资品价格的更大波动。

对贵金属投资而言，贵金属虽然依然具有货币的很多特征，但无疑已经不再是主要的货币，但由于易储存、易变现，长久以来都是人们储存财富的安全替代物。况且，不同于其他很多种类的投资品，贵金属现货可以随身携带，满足紧急情况下的支付需要。尽管经济周期会对贵金属的价格波动施加影响，但贵金属之稀有使得其难以成为大规模使用的工业原料，同时贵金属具有很强的货币特征，这使得贵金属更多地受到货币政策的影响。回顾历史，黄金与纸币固定比例关系的打破以黄金的纸币价格上升而告终。从长期看，只要黄金的国际储备地位不发生变化，黄金依然是值得持有的资产。不过，从短期甚至中期看，在每一次黄金的过度投机之后，黄金价格都会发生大幅度的调整。通常认为长期利率是反映未来通货膨胀率的指标，因此，当短期利率相对长期利率过低时，人们认为短期利率不足以弥补预期通货膨胀率，因而有购买黄金以避免通货膨胀损失的倾向，由此导致黄金价格的走强。货币政策操作以短期利率为主，中央银行在降息过程中会导致短期利率相对长期利率更大幅度的下降，因而，对于较高名义利率的国家而言，负利率目标制的实施会导致短期利率的较大下行。从美国、日本等国的数据看，近乎零的低利率的实施迎来了黄金价格的大幅上涨。由于贵金属较强的货币替代特征，货币政策利率的降低使得持有货币的吸引力大幅下降，而持有黄金的吸引力则大幅上升，同时投资者对货币贬值的恐慌情绪也加大了黄金价格的涨幅。对于普通投资者而言，除直接持有贵金属，也可以投资各种投资贵金属的金融产品，比如相关的股票、基金等。不过，受制于广大投资者有限的投资判断能力，金融产品价格的波动远大于实际应有的波动。除黄金外，另一种重要的贵金属白银的市场表现与黄金类似。

对原油等其他大宗商品投资而言，由于资本所导致的对有限的自然资源的竞争，负利率对资源价格的影响不同于对消费品价格的影响。原油作为人类必不可少的能源，其不可再生性以及较易储存的特征使之可以作为国家战略储备的重要物资，对于普通投资者而言，显然不太可能像持有贵金属一样持有原油现货，但可以通过各种投资原油的金融产品来持有。尽管长期看经济周期是大宗商品价格变化的主要驱动因素，但负利率的实施会对大宗商品价格施加额外的影响。1995 年开始日本国债利率下行至 1%以下，2001 年日本实施稳定的接近 0 的利率，1999 年至 2008 年金融危机爆发前，原油价格大幅上扬，尽管 2001 年与 2006 年受经济周期的影响原油价格有小幅调整，但不改变长期向上的趋势。而 2008 年金融危机结束后，美国等众多发达国家实行低利率或零利率，世界原油价格再次经历了一轮大幅的上行。不过，如本书之前所阐述的，由于绝大部分投资者没有能力准确核算实际的影响，因此，负利率对心理的影响远大于实际的影响，导致的原油价格的波动远大于实际应有的波动。

对股票投资而言，由于股票与债券同样作为金融市场的投资品，债券的低利率甚至负利率使得对投资者的吸引力下降，而股票尤其有稳定盈利与分红的基本面良好企业的股票既具备低风险的特征，又具备类似存款的利息支付的特征，可以作为部分储蓄者在负的无风险名义利率后寻找低风险投资品的替代。相反，当名义利率过高时，从债券市场上可以获得稳定的高收益率，股票的吸引力也就会大大下降。因此，低利率的执行往往能带来股指的较好表现。

对债券投资而言，利率的下行对不同种类的债券有不同的影响，投资者应关注不同债券的种类、条款设计、信用风险、流动性等。单就一国无风险固定利率债券而言，利率的下行对投资收益有两方面的影响：一方面是由于利率下行导致的存量债券价格上升收益，另一方面是由于利率下行而导致的未来利息收益下行。债券投资需要根据投资目的兼顾这两方面的影响才能做出正确的投资决策。

对房地产投资而言，房地产介于资源与消费品之间，既有土地资源的稀缺性因素与投资品相对消费品较易保存和较好的流动性特征，又有供居住使用及随时间的变化易发生自然损耗与使用损耗等一定消费品属性，同时房地产又受到一国经济发展政策的一些影响。由于资源与普通消费品两种因素的共同影响，20 世纪 90 年代房地产泡沫之后的日本，2008 年金融危机后的美国，稳定的低利率的实施均未带来房地产价格的大幅波动，房地产价格随经济周期的波动低幅波动，其波动幅度介于资源与终端消费品之间。

无论是贵金属、原油、股票还是房地产等的投资，都不能忽略投资品自身价格所处周期的影响，负利率目标制的实施是在所处周期之外施加额外的影响，因此，负利率目标制的实施并不必然在短期内导致上述投资品价格在方向上的某种绝对变化，而是在原有价格变化基础上的修订，这种修订是否立即构成价格变化方向的逆转取决于负利率目标制的实施力度与投资者的投资情绪。

负利率来了，我们大不必恐慌，我们在讨论负利率对消费品价格的影响时指出，降低利率会降低生产消费品的资金成本，因而会降低消费品价格。所以，尽管名义利率下降，由于物价上涨放缓，实际利率并不一定会下降，也就是说，你持有的存款的购买力未必会因为名义利率下降而下降。此外，负利率的实施会提高整体经济的运行效率，所以，稳定的合理的负利率将使得全社会生产出更丰富的产品，带来失业率的下降、生活水平的改善。

负利率来了，用你的毕生去努力追求，创造你此生应该拥有的奇迹，而不是躺在祖辈留下的财富上庸庸碌碌地度过此生。负利率来了，靠利息生存将越来越不可能，即便你没有远大的理想，也要面对生存的现实。

负利率来了，我们需要改变自己的资产配置组合避免财富的贬值。然而，比资产配置更重要的是，均衡饮食、适度运动、努力求知、敬业工作，以健康的体魄、明智的大脑为社会创造价值，同时获得你该获得的财富。因为财富的储存会有储存成本，任何物种都不能不勤勉地度过此生，蚂蚁、松鼠、蜜蜂是如此，人类也是如此。

参考文献

[1] 本·S. 伯南克，托马斯·劳巴克，弗雷德里克·S. 米什金，亚当·S. 波森. 通货膨胀目标制：国际经验 [M]. 孙刚，钱泳，王宇，译. 大连：东北财经大学出版社，2013.

[2] 本杰明·格雷厄姆. 世界商品与世界货币 [M]. 译科，杨崇献，译. 北京：法律出版社，2011。

[3] 大卫·李嘉图. 政治经济学及赋税原理 [M]. 周洁，译. 北京：华夏出版社，2011。

[4] 莱昂纳尔多·毛杰里. 石油！石油！ [M]. 夏俊，徐文琴，译. 上海：格致出版社，上海人民出版社，2011.

[5] 刘华峰. 魔法村庄——魔法故事里的财务学、经济学与投资学 [M]. 北京：电子工业出版社，2015.

[6] 拉斯·特维德. 逃不开的经济周期：历史、理论与投资现实 [M]. 董裕平，译. 北京：中信出版社，2012.

[7] 米尔顿·弗里德曼，安娜·J. 施瓦茨. 美国货币史 [M]. 巴曙松，王劲松，等，译. 北京：北京大学出版社，2009.

[8] 米尔顿·弗里德曼. 最优货币量 [M]. 杜丽群，译. 北京：华夏出版社，2012.

[9] 让·巴蒂斯特·萨伊. 政治经济学概论 [M]. 赵康英，等，译. 北京：华夏出版社，2014.

[10] 威廉·恩道尔. 石油战争：石油政治决定世界新秩序 [M]. 赵刚 旷野，戴健，等，译. 北京：中国民主法制出版社，2016.

[11] 威廉·配第. 赋税论 [M]. 邱霞，原磊，译. 北京：华夏出版社，2007.

[12] 威廉·西尔伯. 力挽狂澜——保罗·沃尔克和他改变的金融世界 [M]. 綦相，刘丽娜，译. 上海：上海财经大学出版社，2013.

[13] 熊彼特. 熊彼特：经济发展理论 [M]. 邹建平，译. 北京：中国画报出版社，2012.

［14］亚当·斯密. 国富论［M］. 唐日松，等，译. 北京：华夏出版社，2005.

［15］约翰·梅纳德·凯恩斯. 就业、利息和货币通论［M］. 宋韵声，译. 北京：华夏出版社，2005.